ENSHI QING　　　　WO DE LAOSHI

# 恩师情——我的老师

腾讯公益慈善基金会
中国教育发展基金会　编
中国教师发展基金会
中国教育报

语文出版社
·北京·

**图书在版编目（CIP）数据**

恩师情 ：我的老师 / 腾讯公益慈善基金会等编. --
北京 ：语文出版社，2015.9
ISBN 978-7-5187-0210-7

Ⅰ．①恩… Ⅱ．①腾… Ⅲ．①中国文学－当代文学－
作品综合集 Ⅳ．①I217.1

中国版本图书馆CIP数据核字(2015)第198212号

| | | |
|---|---|---|
| 责任编辑 | 慈　舒 | |
| 装帧设计 | 邓琳娟 | |
| 出　　版 | 语文出版社 | |
| 地　　址 | 北京市东城区朝阳门内南小街51号　　100010 | |
| 电子信箱 | ywcbsywp@163.com | |
| 排　　版 | 北京华太文极广告策划有限公司 | |
| 印刷装订 | 北京久佳印刷有限责任公司 | |
| 发　　行 | 语文出版社　新华书店经销 | |
| 规　　格 | 787mm×1092mm | |
| 开　　本 | 1／16 | |
| 印　　张 | 14.25 | |
| 字　　数 | 226千字 | |
| 版　　次 | 2015年10月第1版 | |
| 印　　次 | 2015年10月第1次印刷 | |
| 印　　数 | 1-2,000 | |
| 定　　价 | 98.00元 | |

咨询购书:010-67997727　13801242448

# 前　言

　　为纪念第三十个教师节，腾讯公益慈善基金会、中国教育发展基金会、中国教师发展基金会和中国教育报为展现教师立德树人、教书育人、奉献教育的崇高职业精神，共同举办了"恩师情——我的老师"征文系列活动。

　　活动触动了各行各业的人们"感念师恩"的情结。投稿者中既有社会名流，也有普通百姓；既有古稀老人，也有总角儿童。不管他们职业如何，年龄怎样，但在他们的心中均共同珍藏着一个神圣的词语——恩师；而作者们也都有着一个共同的名字——学生。

　　作为编者，在阅读和编辑文章时，我们也多次眼含热泪地沉浸在每个感人至深的故事中，心绪久久不能平静。

　　征文作者用妙笔勾勒出了一个个好老师的形象，学生们毫不吝惜地用尽最优美的言辞去描述他们恩师的音容笑貌、言谈举止。文中老师们的声音或慷慨激昂、抑扬顿挫，或温婉柔和、沁人心脾。老师们的目光多么深邃而温暖，他们的举止手势多么潇洒而优雅，他们的语言多么具有诗情画意……

　　这是一群被神化了的人吗？不是！正如陶行知先生所说的，老师的生命受到了学生生命的滋润，或许这些教师不少是相貌平平，有些甚至活得艰辛卑微，但是，因为他们所从事的职业，使得他们在讲台上、生活中、在学生心里是那样光彩照人，容光焕发！

　　文章中的教师们是一群在杏坛上踏实行走的人，那一句"写好字、读好书、做好文章、教好课"描绘出这样一群淡泊名利的人。他们是学生生命中的贵人，他们是学生得以依靠的高山，他们是学生心中高高飘扬的至善的旗，他们是正义和公平的化身，他们是驱散严寒赶走黑暗的天使，他们是独具慧眼、能点石成金的人，他们是廉洁的化身，他们是寻常而又非凡的人……

　　这是一群被命运眷顾得可以超凡脱俗的人吗？不然，他们一样受到命运的考验和折磨，他们当中有终身未能转正的民办教师；有饱受疾病折磨，甚至因为专注于工作而延误病情的人；有生活拮据从未成家的人；他们中的大多数从未获得过任何的表彰；他们中有改变了学生的命运而自己被众多学生遗忘了姓名的人……

　　教师们所以能饱经磨难，还恪尽职守，所以能为而不恃、功成弗居，恰恰是教师们深知，他们所从事的职业本身就是最好的回馈和鞭策。如孟子所云，得天下英才而教育之，乐事之一也。教师职业是最接近神的职业，也是享有高回报的职业。他们所得的回报是其精神的传承，而非金钱与名望。

　　本书收集了成人组 40 篇文章，还包括大学及中小学生的 19 篇文章。

　　这是一本适合曾经或正在做学生的人们阅读的书，这些文章或许就是你对教师淳朴情感的写照，它能激起你最美好的记忆，令你的内心荡起层层温暖的涟漪。

　　这是一本适合所有教师阅读的书。在书里，你或许能找到志同道合的盟友；或许你将重新审视你所从事的职业；或许你将树立更高的目标！正如《诗经》中所云："高山仰止，景行行止。虽不能至，然心向往之。"

　　这是一本值得教育主管领导们阅读的书。读毕，每个人将认识：对这些教师所做的不仅仅是奖励和表彰，更重要的是为他们多做些实实在在的事情，即为他们创造更好的工作条件，同时也要改善他们的生活生存条件，使他们切实感受到做教师的光荣与自豪，为教育、为国家、为中华民族培养更多合格的建设者和接班人。因为，现实生活中全靠这样的一支队伍在擎起共和国教育的天空！

编者<br>2015 年 3 月

# 目 录

## 壹 社会组征文选编

# 贰　大学生组征文选编

# 叁　中小学生组征文选编

## 附录：摄影作品选

壹

社会组征文选编

# 回忆我的老师庞世华先生

薛云彪

庞世华老师是我初中、高中的语文教师。教育界一部分人只知道庞红红，那是他的小名，他还有个字，笔轩，是他的国画老师起的。国画老师的字是墨轩，在霍州的学界，也有威望。

作为我的语文老师，我前后听了他约三年半时间的课，而此后的交往，一直延续近三十年，直到先生去世。庞老师是在四年前冬天一个下雪的日子走的。现在，又一个莺飞草长的清明节要到了，我又想起了庞老师，想起了他的一些事情。

最初对先生的印象，是他的烟瘾极大，几乎永远叨着烟，叨着烟还能说好长时间的话，也不碍事。再有就是在旧报纸上翻来覆去地写毛笔字，有时在办公室的墙纸上涂几笔山水。先生不修边幅，脸却刮得铁青，如果先生一脸黑而密的胡子蓄下来，便成了美髯公，我想一定很潇洒的。

先生平时嗓门就高，一讲课就更来劲，尤其讲他喜欢讲的文章，如《祝福》《故乡》《葫芦僧判断葫芦案》《白杨礼赞》。一带感情声音同吵架一样，邻班都听得清清楚楚。而且这样的课文，他能讲解多天的，有时当堂讲不完了，下堂其他课的老师来了，他"哈哈"一笑，说："讲不完，又讲不完。"其他的老师也知道他的性情，也笑笑，就走了。他则又进入了他的状态。进入讲课状态的庞老师是旁若无人的，有时候，他就干脆蹲在凳子上，辅以各式各样的动作，真切地为我们描摹人物的形象。那样子，极似鲁迅笔下三味书屋里的寿镜吾先生。也怪，一些文章，经他用自己的腔调陶醉地一念，我们就体会出文章中的味道了。

我的记忆里，凡他认为很重要的文章，他是不囿于课时的，有的时候，一篇《祝福》，甚至可以讲上十天半月。比如讲祥林嫂叙述"我们的阿毛"那部分，他是不厌其烦的（而当时我们认为那几段是很烦很烦的），经他反复讲解，我们就觉得唯如此写，才能写出人物之神来。而其他的文章，如 20 世纪 70 年代的某些社论以及"反潮流"之类的文章，还有"三突出"模式的小说，他竟不屑一讲，只应付几句，说"你们自己看"就算完了。在那样的年代里，老师敢这样取舍，是尤为可敬的，至今想起，我认为这正是他对事业负责、对学生负责的写真。

先生在很长很长的教学生涯里，是个民办教师。后来我才知道，年轻时他矢志于国画，曾被中国美院录取，由于种种原因，未能如愿去读，为稻粱谋，他才教书。可以这样讲，按先生初衷，教书实属无奈。酷爱美术的先生，讲课时，能有意无意将一些美术的知识渗透其中。如讲塑造人物形象，他在黑板上先画出许多人物的五官，再组合起来，形成一副新的面孔，便是讲透了典型人物的塑造。讲《桃花源记》，他边讲边画，讲完了，一幅山水画就出现在黑板上了。

每当此时，他总要在讲台下，吸烟、眯眼，乐哈哈地端详他的作品，很是自得。

先生命运多舛，我略略知道一些。较为清楚的有二，对先生刺激甚大。一是某年的民办教师转正，当时我还是学生，他彻夜地复习、演算、背政治、做题，甚至写了许多文章练笔，结果未录。许多年纪比他小很多的民办教师都转正了，其中有些人还曾经是他的学生。那是一件令他十分尴尬的事情，他黯然了许多日子。我记得他当时写了一首咏月的七言诗，其中一句是"不知天公侍何侯"。他指着这句，那难以名状的样子，至今犹在眼前。二是某年学校里的优化组合，他和师母李老师全被组合出去了。那时，我和他同在一个学校任教，这件事的起因，我知道，庞先生性格耿直，因此无意间说了一些得罪"尊者"的话。失去工作的老师和师母每月只有生活费，这且不必说，精神的压力可想而知。两个尽心尽力教书的人，居然以教不了学或者说不好好教学的名义被打发回家，庞李二师的痛苦，不是用一两句话能说清楚的。那段时间，我是常看他的。他的话明显少了，他没有了过去的暴怒，甚至没有表示出什么，但他很憋气，也很没有办法。他曾这样问我："我的嘴说话是太直了，总不该连她（指师母）都回去吧！"我无言以对，我的判断能改变他们的命运吗？我记得，那年春节，他家门上的横批是"否极泰来"，字写得很端正。后来他们被勉强安排在小学，庞老师教美术。有一次，我见了他，我以为他这样可以轻松了，不料他摆手，说："带你们的时候才是最痛快的时候，虽然苦、累，但有讲头。"是啊，

4

当时我们是公社办高中，一个初中教师带高中的课，庞老师自觉重任在肩，经常通宵备课，焚膏继晷，不敢懈怠，有时候和我们分析一些文章，甚至争执得不可开交。可以说，在那个特殊的时代，他过得很累，然而他感觉很痛快。他根本不习惯教小学生，他打心眼里不好接受啊。这，我太清楚了。

我自幼冥顽，却死心塌地地钟情于文字，先生曾多次对我讲，语文浩如烟海，学不出头终究会吃亏的。而也正是庞老师，经常同我谈文论章，师生两人乐而忘忧。记得有一次考物理，我是肯定不会的，就干脆看起小说来，庞老师坐在我旁边，竟也翻起了我的"闲书"，考试终了，我没有交卷，物理老师找不到我的卷子，了解到实情后，竟也不再追究。

老师喜读《红楼梦》，常同英语陈老师探讨，有时争得相当激烈。一日，二师就林黛玉和薛宝钗二人性情争执不下，问我，看林与薛孰好孰不好，庞师扬林抑薛，陈师扬薛抑林，我当时不敢妄言。若干年后和老师闲聊，回忆起来，老师又问及，我坦言，其实史湘云最为可人，问我何故，我说史姑娘有"憨"态，语毕，师生狂笑。

老师乃性情中人，衣着上根本不讲究，我们毕业合影时，他的中山装上染了一朵红墨水，我记得当时我们都让他另换一件，他没有，于是，那照片上的他，如同戴了勋章。他嗜烟，早先，让学生买烟，给一元零一分，烟是九分钱一包的"勤俭"牌，正好一条又一包，另余二分钱捎一盒火柴，他曾经一天抽掉整整一条烟，小小办公室，云山雾海。但他戒得也利索，说不吸，就一口也没有再吸过。退休后含饴弄孙之余，复提笔作画写字，偶尔拉拉二胡，我见他珍藏的清末的墨碇，油亮油亮的，还有泛黄的画谱和名人字帖，示我时，颇为得意。有一年春节，我和孩子去拜访庞老师，又谈到画，老师兴致一来，搬出了他早年画的大幅的毛泽东像。"文化大革命"时期，他画主席像甚得要领，惟妙惟肖。他多次说，一定给我作几幅山水的。回家的路上，孩子说，你的老师真可以。

真的，做一个教中学语文的老师，说易，照本宣科，人云亦云，也可稳度日月；说难，皓首穷经，探微索隐，便有无尽的事情可做。庞世华老师走的是一条"难"路，他不苟且而活，更不应付学生，他用一种求索的精神，苦心孤诣经营着自己的空间，因此，是他，将所有的语文概念用毛笔抄好，贴在教室的墙上，推门一看，四壁先生的书法散发着墨香；是他，最早要我们班里每个学习小组都要订阅报刊，了解书本之外的世界；是他，向我们开出了茅盾、老舍、艾青、托尔斯泰、莎士比亚诸名家的书目，要求我们慢慢阅读，我看的《王子复仇记》《奥赛罗》就是向庞老师借的；是他，要求我们练毛笔字，每天写一张给他看；还是他，当我和他同校教学时，他对我说，教语文，仅仅靠几本参考书作参考是不行的，那段日子，我们"奇文共欣赏，疑义相与析"，成败得失，同尝甘苦……

可惜，天有不测风云。我师历许多坎坷，花甲之后，本当安享天年，孰料，却在六十五岁时几乎无疾而终，踏雪远去。四年前，面对恩师遗容，我不知当说什么。告别仪式上，作为学生，我说，庞老师以他的渊学博识，使我们从无知到有知，以他的朴实和博爱，使我们感受到了一种特别的人格魅力。庞老师是一位治学严谨而绝不循规蹈矩的良师，多才多艺，一诗一画，可见先生风采，一弹一拨，方显先生雅韵。庞老师耐得住寂寞，耐得住贫寒，但他又敢怒敢言敢悲敢笑，可谓皓皓师表，堂堂师魂。庞老师走了，他的一生，不是轰轰烈烈的一生，却是实实在在的一生，是平凡而绝不平庸的一生。

往事如烟！曾几何时，月暗、春残、叶落、人杳。先生之茔，木当已拱。先生已远离尘世间的苦痛、哀乐、是非、恩怨，我们仍在奔波。偶然，一想起庞师和我等新生的第一次见面，他款步走上讲台，含着香烟说，我叫庞红红，在黑板上竖着写下方方正正的"庞红红"三个字，就开始讲课——这样的一幕，使我意识到简简单单做事的重要性。

这是一个中学语文老师的一些事情，写下这些事情，我也知道，对庞老师的论定，是不能起毫末作用的。我只是要自己进一步地不敢忘却在我的求学和教学生涯中，有一位老师，庞世华，字笔轩，庞红红是他的小名。

又是一个教师节要来临了，又该表彰一批优秀的教师了，我突然想，如果我师仍在讲坛，优秀教师中有他一席之位吗？不一定有！但像他这样的老师却是越来越少了。虽然，眼下的课改如火如荼，名师层出不穷，教学理念日新月异，但庞世华老师的形象在我心中丝毫没有因之而淡化，有时，反而更加凸现和清晰。

# 山风飘远的思绪

刘会元

　　林间里有歌声，幼稚的童音；林间里有钟声，上课下课的铃声。当我愈来愈接近故乡——七里岩时，歌声和钟声便久久地回荡在我的耳畔了。我听着歌声和铃声，心里涌起一股暖流，让我激动，让我遐思。快到家了，快到也曾弥漫着自己歌声的七里岩小学了。

　　我是20世纪60年代在七里岩小学接受启蒙教育的。七里岩本是一个寺院的名儿。自从办学校以来，学校不仅借用寺院一半的领域，连校名也是临时套用寺院的。套着套着，便喧宾夺主了。每当人们说及"七里岩"时，很大程度上指的是七里岩小学。

　　七里岩小学位于崇山峻岭之中。学校是寺院的一部分。它背倚危岩怪石，面前有一条溪流蜿蜒盘旋。只有赶庙会的时候，四面八方的朝圣者才在这里会聚半天。平时，寺院大多空着，由一个和尚"守护"。当年，大队筹办学校时，有人建议将寺院空出的一半"借来"改建成校舍。很快，这条建议得到各界响应。一是寺院颇宽，闲置的部分建校舍合算；二是这里交通比较便利，位于大队的中心地带。同时，有和尚在，学校工作或许还有个照应。这样，寺院便成了七里岩小学了。

　　担任我们教学任务的是一位姓黄的男老师，四十多岁。黄老师的家住在山外。每到星期天下午夕阳西下时，黄老师便驾着一只小船出现在晚霞辉映的天幕上。时间一久，才发现黄老师随船正缓缓地朝学校驶来。星期六下午，他得驾着同一只小船向天幕驶去。月月如此，年年如此。时间似乎没有改变过他，他也不可能被改变。他与和尚同住一间厢房，同住却不同食。黄老师是学校唯一的老师，也是校长、教导主任。他接管四个年级，四个班。他们都在同一间教室里。上课时，黄老师依次呼唤"一班！二班！三班！四班！"响应者也依次回答四个"到"字，声音嘹亮，雄壮有力，喊得黄老师微笑着点头挥手。激情洋溢在孩子们的脸上，也洋溢在黄老师的脸上。

黄老师安排其他年级作业——看手抄本范文后，教起一年级拼音来。他来到教室门口一侧的小组边，经过几番轻声领读，孩子们终于学会读了。黄老师挥出一个手势，小朋友们悄无声息地依次离开。他们拿着课本，来到操场边岩石上坐定。不用担心，和尚早在那里恭候好久了。

黄老师上课时的话语不多，都是提纲挈领的。我们一个班，就那么三五个人。在我的记忆中，三年级就一个同学。个儿很高。他不仅代表一个年级一个班，还是这个班的班长和成员。可是，黄老师从不把一个人的班级忽略过，备课本上同样认真，一丝不苟的。"个别提问"之类的话题同样出现在备课本上。上体育课了，黄老师总是把一二三四班全叫出来，整齐的队伍排在操场上。齐步走，整齐划一，口令嘹亮有力；打球时，你追我赶，篮球头上翻飞。

一次上作文课，黄老师带着我们中高年级来到鹰嘴岩山脚下。我们感到蹊跷，用异样的眼神看着老师。黄老师清了清嗓子，开始了他的"战前动员"："我们这次爬山，跟以往任何一次爬山不同。以往爬山，是跟随着父母。或放牛，或打柴，或采蘑菇。这次，我们要采的是文章的素材，采的是生活的感受和体验。一旦我们把这些都采到了，我们的文章就会有血有肉，有感情。这样的文章，才会拥有读者，才会打动读者……"我们听着听着，仿佛进入到了一个全新的领域。巍峨高耸的鹰嘴岩仿佛是一篇深奥的课文，正等待着我们去考究和探索。

歇息的时候，我们一个个坐在被山风吹得干干净净的岩石上。为了加深对生活感受的认识和理解，黄老师在我们面前指指点点，脚哪个部位疼痛，是啥滋味；汗水是怎样从毛孔里钻出来的，流在脸上是怎样的感觉。为了引发我们的联想，他指着高而险峻的山峰，让我们观察云朵是如何亲吻山顶上树木的，老鹰又是如何叼走一块块浮云的。那些浪漫的语言经过黄老师之口说出来之后，仿佛向我们洞开了一个神秘的世界，一个比神秘更具魅力的想象的世界。它不仅赶跑了我们的倦意，也点燃了我们的激情。我们一个个受到启示和鼓舞，在联想的路上迈开了有力的大步。

品野草莓的时候，我们也品到了文章的境界；喝清泉的时候，我们也喝出了作品的神韵。大树下平滑的石板是我们奋笔疾书的课桌。太阳从树缝间满意地朝我们张望，流云也在选择角度悄悄地将我们打探……

黄老师有点累了，独个儿来到山泉边，俯在山泉边照出了自己有些倦意的面容，也照出了自己的人生历程。二十多年前，年轻的黄老师师范一毕业就来到这里。他记得，这座山，他不知走过了多少回。去教育组开会，他从这里走过；去山那边家访，他也从这里走过。正因为山高，无论是春夏还是秋冬，无论是寒来还是暑往，每每走到山顶时，他都要在这山泉边停下来，伏身掬一捧清泉，润润喉舌，然后，在山泉的下首，在他用石块垒成的"方塘"边，洗洗脸，再用沾有清凉泉水的手挠挠额前的秀发，顿觉神清气爽。他突然发现，眼下的他，又是一个崭新的自己了。他觉得他是山里的主人，是山里的希望和未来。山尽管很高很高，山泉却没有停止过奔涌；烈日尽管当空，山泉却一直没有断流。相反，太阳一投入到山泉里，满脸漾着笑，笑得灿烂，笑得甜蜜。他想，"高山有好水"恐怕不完全在于水的甘甜、清澈，也不完全在于水的纯洁、明净，而在于它的品质，在于它的境界。它扎根于高山之巅，给需要它的人以满足、以慰藉，也给人信心、力量和鼓舞。

"高山有好水"，他品味着，品味着。山风劲吹，他的思绪飘得很远、很远……

# 追念徐伯鸿师

刘海涛

  在一个并非祭奠的日子祭奠，虽已隔了许多日子，死亡的突兀和忧伤也并未曾轻烟散去，尽管我们似乎已渐渐接受了这样一个事实：那个健壮如牛的老徐，真的去了。

  我并非徐伯鸿师的得意门生，以我大学时代的表现，扔在垃圾堆里也并不为过。关于他的记忆，多停留在当年的课堂和彼此的口传上。如果说有点特别的话，那就是大学时的毕业论文是他指导，其间自是颇挨训斥，说得官方点是耳提面命，然而这一切已足够我回忆。虽然我只是老徐极普通的一名学生，但他却是我大学时代极重要的一位老师。今日之祭，有一小半是为此。

  另一个原因则是我以为：即便是在一个肆意放养的年代，伯鸿师也并未放弃他牧者的职责。这话本是我在师大十佳导师评比时，心中暗自评价俞樟华师的话，移之于徐伯鸿师身上，也十分恰当。对学生尽可能严格地要求，即便那种只是在他们眼前晃过的学生——这样的老师，知道大学是怎么回事的人都该清楚，其实很少。我笃信这样一句话：逝者最好的墓其实是在活人的心中。所以无论是出于私情，还是公义，我都该抛却自己的懒散，写一篇哪怕是无足轻重的文字，来追悼我的伯鸿老师。

  虽是追悼，然关于死亡，我仍然想写得开心一点。对于祭文，人们推崇的是文不足而悲有余，但我想写的是一个活着的老徐，一个依然笑着拿着钓竿骑着一辆破自行车不时开些玩笑，每每在高谈阔论时吐着烟圈的老徐——那个本就自号为"老顽童"，为人豪放豁达不羁之极，不能以寻常世人视之的老徐。我知道从尊重的角度上说，称他为伯鸿师会更恰当一些，但是因为以前肚子里耳朵里老徐老徐的叫的听的都惯了，突然在称呼上做刻意的尊敬，不自觉地有说不出的别扭，还是仍然偷偷地叫他老徐吧，如

平时考前抱佛脚的我，哪里会知道学术研究是怎么一回事？不巧，我的选题又是一个最新课题，我只愁着后面我该去哪里找材料编完这论文了事呢。

我不知该如何回答，羞赧地冲着老师傻傻地笑，眼神闪躲。这位老师二十七八岁的模样，留着民国先生一样的发型，鼻梁上架着一副宽边眼镜，看着有些古板土气却又透出一股稳健、蓬勃的气质，颇有几分儒士的风范。我寻思着，这样的老师应该是比较好说话的吧，索性放开了说吧。

于是我仅靠着对看过一遍的那篇文章的零星印象，惴惴不安地对着老师连回忆带编地比画了一大通，说着我对消费文化和文学发展的所谓"见解"，还越说越慷慨激昂。现在想来真是汗颜，"初生牛犊不怕虎"，那时的我说得该是怎样的浅薄和漏洞百出。老师一定听出了些什么，原本凝神倾听的他，忽而轻轻眯了下眼睛，眼里闪过一丝疑惑，一瞬间却又没了踪影，恢复了一贯柔和含笑的眼神。

等我说完，老师又不迭地表扬了我一通，说我有着敏锐的感知力和独特的视角，有想法又有勇气，敢于挑战一个未知的领域云云。我被老师夸得一下子找不着北，差点忘了接下来我还得做那篇论文。"这样吧，咱们得先找一个切入点来做这个研究。你回去先想想，有没有哪个很典型的例子特别能说明消费文化的影响的？"老师说。

这位睿智又善良的老师看明白了我的轻狂无知，又不忍戳穿，他只是默默地拿起了智慧的凿子，一点一点地用鼓励和建议凿开我的一无所知，教我如何做事，如何做文章。直到最后凿出了一条渠，引了知识和生活的清泉，来灌溉我贫瘠许久的学习之田。

那次谈话之后，我变得"聪明""勤奋"了许多。我整天泡在图书馆里学习，短短的一两个月时间，我似乎读了比前两年的总和还多的书。当然，我的论文并没有那么顺利就通过，其间反反复复改过五六遍，到最后听到"改"字我已经到了要哭的地步，这是后话了。

老师对于学术的态度极其严谨，甚至到了严苛的地步。平素温文尔雅的他，只要论文在手，仿佛立刻换了一个人一样，冷面无情，让总抱有侥幸心理的我不寒而栗。他有时毫不隐讳地直指痛处，将我做了很久、自我感觉良好的研究，点评得一无是处；有时一句"要添内容"，就得让我从头再来，牺牲掉多少吃饭、游玩的机会；有时甚至是一个词语一个标点都要跟我抠出来一一探讨……在论文做到最艰难的时候，我甚至疑心选这个题，跟着这个看似观世音实则克格勃一样的导师是我最大的不幸，然而每有新发现、新进展时，老师热情的肯定和赞许，又会顷刻吹散这些灰秃秃的不满和抱怨，给人阳光普照、晴空万里的感觉。我的论文一直改到提交的前一刻，老师给了很高的成绩，末了他还添了一句："其实这个论文还可以改得更好的。"

大学最后一年，傻大胆的我几经周折，最终将考研的目标定在了北师大。此时已是八月底，距离考研仅剩四个多月，而我的复习才刚刚开始。有个晚上我在东楼的自习室复习，眼见已经九月份，而要复习的这些内容统统是陌生的，我越读越没有自信，扔下笔，想放弃，犹豫再三，我给魏老师发了一条短信。没想到老师很快给了回复："敏而好学，必有所成。"我一个人在东楼的大厅里握着当年那个破旧的诺基亚一遍一遍地看，穿堂风凉凉的，我心里却涌起一阵阵温暖。就这样简单的八个字，在我的自信心濒临低谷的时候，它又重新给了我力量，因为我的老师夸我"敏而好学"，这是这么多年来，一个老师给我的最大的赞美和认可。

后来我如愿考上师大，此后好像再没有见过这位老师，再没有过任何联系，以至于现在，我再也想不起他的名字。

然而，就是这样一个连名字都没有留在我记忆里的老师，却给了一个学生莫大的影响。他用敏锐的眼光发现学生的长处，他用善良智慧的心灵给人以赞赏，用严谨细致的治学态度给人以方法，用热心及时的关注给人以力量。"学为人师，行为世范"，提笔时我为记不住他的名字而深感愧疚，而写到现在，豁然开朗，记不住名字也许最好，这样的人就叫"老师"，"老师"就是他最美的名字。

多年以后我也终于明白，那个花明柳绿的春城三月，在我半梦半醒之际照进来的那一缕阳光便是我的老师，而对面的那个人，就是我自己。我想，一位老师对学生最初的启蒙与最深远的影响，也许就是让他走近真实的自我，让他认识内里被遮蔽的另一个自己——一个未觉醒、未开化的自己。如此，足矣。

# 师长泰先生

白耀文

前些日子，偶得《白居易诗评选》一书，此书乃大学时我的古典文学老师师长泰所著。见书如见人。毕业已届六年，时常想起校园生活，忆起先生清癯的面容和教学的点滴。

至今还记得上第一节课的情景。

老师一进教室就搬了把椅子径自坐下，也不和大伙儿打个招呼，埋头在包里找东西，半晌才掏出一份材料让班长读。好不容易抬起头来，大家方才看清他的"庐山真面目"：满脸的皱纹，约摸七十岁的样子。着装还算整齐干净。最惹眼的是鼻梁上那副"酒瓶底子"，随时都有掉下来的危险。嘿嘿，活脱脱一个老学究。

班长读的大概是他的生平简历和科研成果之类的东西。隐约听到是全国什么研究会会长，似乎来头还不小。我暗自想：这老师真爱显摆，这么大岁数了，一点儿也不谦虚……

听过老师的课后，我才发现错怪他了。

甫一开讲，先生就大谈风骚雅乐、老庄哲学、魏晋风度、秦风汉韵，到底把一帮孩子给听傻了。先生讲课时一改貌似老学究的作风，精神矍铄，嗓音洪亮，满脸红光。看来，古典文学确有养生保健、延年益寿之功效。

上古文学略微一讲，就步入了《诗经》的学习。上课前，先生照例让全班同学朗读。由他起头："关关雎鸠，预备，读——"一班人就齐声朗读："关关雎鸠，在河之洲。窈窕淑女，君子好逑……"那情形，颇似旧时私塾里一帮小孩子似懂非懂摇头晃脑地诵读"弟子规，圣人训……"，一种时光逆流的感觉。

最有意思的要数先生对《诗经》的解读，生动活泼，妙趣横生。《伯兮》曰："自伯之东，首如飞蓬。岂无膏沐，谁适为容！"先生这么解说："自从哥哥去东征，我的头发乱蓬蓬。不是没有海飞丝，打扮漂亮为了谁？"《静女》曰："静女其姝，俟我于城隅。爱而不见，搔首踟蹰。"先生俏皮地翻译："美丽姑娘讨人爱，约我城角楼上来。暗里躲藏逗人找，害我抓耳又挠腮！"他甚至还故意装出一副焦急的神态，做出抓耳挠腮的动作。那乖谬的样子，好像赴约的男子是他自己。这倒也不难理解：香草美人皆君子所爱嘛。这个时候，教室里总弥漫着欢快的笑声，历久不散。大家忽而感觉到学习是件很愉快的事情了。

玩笑归玩笑，先生也有金刚怒目的时候。甭看他整日弥勒佛似的笑容满面，严肃起来吓得一班人大气都不敢出。学期伊始他就宣布了上课"四不准"：不准玩手机；不准交头接耳；不准看课堂外的书；不准迟到早退无故缺课。如果哪位敢以身试法就尽管来试验，对不起，考试不过别来找我！

这话刚一出口就产生了强烈的化学反应，所有的课程中唯独先生的到课率最高。

可偏偏有人敢尝第一口螃蟹。

班上一同学正在热恋，女友是外语学院一女孩儿。据说这哥们儿一月能发一千余条短信息。一日上课聊得正火，被先生逮个正着。先生一番"冷嘲热讽"："你好大的胆子，敢冒天下之大不韪上课玩手机……"喋喋不休地说个不停。这哥们儿见先生不依不饶，慢条斯理地说了句："不就是发了个短信，至于嘛！"先生终于气急败坏地骂道："滚出去！"小伙子果然"滚"出去了，还把门重重带上。先生彼时正怒火中烧，一边骂，一边颤颤巍巍地从包里摸出个药瓶来，哆哆嗦嗦倒出些药丸塞进嘴里，然后慢慢腾腾拿起水杯喝了一口水。半晌没了言语。

所幸先生并无大碍。过了几日，那位同学给老师认了错，先生也心平气和地接受了。还在班上表扬说该同学认错态度诚恳，是个好学生之类的话。那哥们儿顿觉羞愧难当，脸上红一阵紫一阵的。

学期末要进行一次测验作为平时成绩。先生之前给我们圈出五十余篇古诗文，要求全部背过。并"扬言"说要拉上台遛遛——到时候单个上讲台，由他随机抽取其中的篇目背诵。

那真是一段"灰暗"的日子。时间短内容又多，人心惶惶。大家起早

贪黑地背啊记啊，谁也不敢落后。班上的学习氛围立时浓厚起来。辅导员见了啧啧称奇，我们想着背地里那家伙肯定坏坏地拍手称快。

背诵的那天，同学们的表现不俗，通过率高得惊人。看上去先生挺高兴，破例提前十分钟下课，让我们早点回去吃午饭。

讲课累了，先生也常说些题外之话。比如说我们所在的长安这片土地人杰地灵，李白、杜甫、韩愈、白居易、杜牧等人都在此地留下足迹，写就了流传千古的诗篇。

先生对唐代诗人王维有着特殊的喜好，研究也颇有些见地。不遗余力地渲染王摩诘如何如何，唐代全才仅此一人云云。也说到王维曾生活过的辋川现在如何破败，痛斥当地政府的不作为，白白糟蹋了一方宝地，而不知资源的开发利用。那副义愤填膺又万分委屈的样子，让人产生敬意之余又有几分爱怜。

古典文学开了一年行将结束，先生说他年纪大了，身体又不太好，并告知我们是他的关门弟子了。一番话说得同学们很是难过，有的同学甚至流了泪。

先生籍贯山西临猗，1938 年生人。他以七十高龄，诲人不倦，对晚辈、对学生悉心指导，热情不减。上学时只知先生是全国王维研究的专家，却不知先生涉猎之广，著述之丰。我见过陕西人民出版社 1986 年出版的《古代诗词名句探胜》，同学的书，恨不能得一本；还有 1991 年出版的《唐诗艺术技巧》等。先生还主持编纂了《王维研究》丛书，至今已出版五辑。上学时，先生对这些著述只字未提。先生潜心治学研究、教书育人，想来令人肃然起敬。

今日捧读先生之书，眼前总是浮现着先生佝偻着身躯在黑板上奋笔疾书的情形。人皆言字如其人，先生的粉笔字瘦直挺拔，宛如先生一般耿直率真。

# 永刻心头的美好回忆
## ——记我最可敬爱的钟老师

周武忠

人这一辈子，会碰上无数老师。

有的老师，离开后没几天就形象模糊了；有的老师，分别几十年，音容笑貌还鲜活如初。有的老师如过眼云烟，分开后连教什么功课也不大记得起来了；有的却永恒如天上的星座，什么时候，只要你抬头仰望，她始终高悬在那里，释放着独有的光和热。

于我而言，高中三年（1985—1988 年）的班主任钟立平老师，就是闪耀在天上的一个永恒的星座。

## 黑板上的营养

高一的晚自习，高一（1）班教室的黑板上，经常会出现一些雅致深远的古典诗词，有李白的，杜甫的，苏轼的，王安石的，出现次数最多的是李煜，《虞美人》《望江南》《浪淘沙令》等愁苦无限的词牌联袂而来，"问君能有几多愁，恰似一江春水向东流"，"多少恨，昨夜梦魂中。还似旧时游上苑，车如流水马如龙，花月正春风"，"独自莫凭栏，无限江山，别时容易见时难。流水落花春去也，天上人间"等完全从那位失意的南唐后主心头流泻出来的真诚咏叹，给予我们的灵魂雷轰电击般的震撼。那是钟老师为我们抄录的，钟老师的粉笔字瘦长潇洒，酷似其人。在一个虽然嗜好读书，却只粗疏地装了一肚子《西游记》《水浒传》和《杨家将》的乡下读书郎的眼睛里，它们似乎是翱翔于另一世界里的精灵。

除了古典的，他还把当时刚刚发表，并在社会上引起很大反响的文学佳作推荐给我们，还把里边内容精谨、文辞优美的语句大段大段地抄写在黑板上，供喜欢的人抄录。印象最深的是戴厚英的《人啊，人》，他向我们介绍了作者的家世生平，然后以诗人一般的澎湃激情朗读了其中一些精彩华章。通过他的嘴，作家对于非常岁月里丑陋世风和卑劣人性的鞭挞，对真诚爱情友谊和美好人性的热烈追求，给我们这帮二十岁不到的年轻人以无比强烈的影响。龙应台、刘宾雁等名字，也是在钟老师举荐下进入我们视线的。

## 欣欣向荣的文学社

我们幸而生长在 20 世纪 80 年代，外有文学大红大紫的社会大气候，内有修养深厚的钟老师启蒙引路这样的小环境，高一的时候，我们班里的文学事业进行得如火如荼，一发而不可收。许多同学纷纷加盟到各种文学社，而鼎盛时期我们一个班里的文学社就达到了三家：一家是笔者参与其间的大号"我们"的文学社，专登诗歌和散文；一家是由班内公认的才女潘晓峰、莫小麟作台柱的文学社，以泼辣生猛的杂文见长；还有一家最绝，从社长到社员、从编辑到撰稿到誊写全系一人之身，他就是据说出身武术世家的丁宏伟，丁兄充分发挥自己之所长，创作长篇武侠小说，每期登载两章或三四章不等。每期出来，总是大受欢迎。我也曾拜读过其中一部分章节，依稀记得是在雪域高原中，一帮子武林英豪在那里快意恩仇，大演其爱恨情仇的潇洒人生。

三家文学社之间，互有交流，不过，我们当时的交流都是进行于暗地里，最多的交流形式是用铅笔在同仁的大作旁写下几句眉批。我至今还记得的，是自己一篇写"勾德班"上所见的一幕抱打不平的文章，写一个梁山好汉似的复员军人如何怒斥一个打扮入时的女郎对一个农村老大娘的刁难和辱骂。自以为写得有点档次，不料，等我把那期刊物拿到手上翻看时，发现上面赫然写了这么一行字：当时，你又在干什么？字迹娟秀婀娜，可言辞那么尖锐老辣！我感觉这样的文字非潘晓峰莫属。可是，一个农村男孩的自卑以及这份自卑刺激起来的一份奇怪的自傲，却阻止了我与之交流的脚步。

此外，钟老师还让我们充分利用教室北墙外面的黑板报，四分之三面积展示我们的文学作品，四分之一面积划归"我们"文学社，由社长朱以岗到班内所订的《报刊文摘》《文学艺术周报》等报刊上勾画出有价值、有内涵的新闻或信息，然后由我用粉笔工工整整抄写到那块地盘上，取一名目，谓之"每日新闻"。不夸张地说，我们高一（1）班外面的那块黑板报，称得上德清一中一景！

那段时间，我们收获良多。别的不说，我的书法，就是在那段时间里突飞猛进的。

## 独特的班会课

高二的上学期，钟老师在他的班会课上，又给了我们一个惊喜：他请来了当时的英语教研员，姓陆，据说早年毕业于北京大学，因为天生我才难自弃，给自己捅下了娄子，被打成右派分子，沉沦底层二十余年，改革开放后才得以平反复出。老头貌不惊人，精瘦得有几分干瘪，但是一开口就非常吸引我们的耳朵：同学们，今天，我要给你们讲一讲，文学的魅力是无穷的，永恒的；而科学的作用则是有限的，短暂的。李煜的"问君能有几多愁，恰似一江春水向东流"是千古绝唱，谁敢改动一个字？谁敢把它改成"一江秋水向西流"？科学呢，就差多了，差远了！牛顿够牛了吧，爱因斯坦的相对论出来后，他就风光不再了。美国的原子弹够厉害了吧，长崎一颗，广岛一颗，那么嚣张不可一世的小日本都不得不举白旗了。可是，短短几十年后，它又不能独领风骚了，核武器上，称雄世界的是中子弹了！所以我说，文学的魅力之大是无可比拟的，但愿在座的同学们，能从文学园地中找到自己的精神家园！

在这之后的一节班会课上，钟老师让我们谈感想，同学们争着发言，连我这个一向十分内向的人，也主动站起来向钟老师提了一个请求：愿钟老师以后多搞搞这样的活动，把社会上各种各样的能人请进我们的教室里来！

## 悬崖上的冒险

高三下学期，学业正忙。

忽一日，高三（1）班全体学生在教室门外的水泥地上排了队，体育委员点过名后，瘦高的钟老师在前，一支人马浩浩荡荡向西出发，很快出了校门，转而向南，直走东门垄康山。正当我们边走边纷纷在内心猜测之际，见前面队伍已经停了下来。钟老师招招手让我们围聚在他的周围，然后高高抬起右手，用食指指着上面的山头对我们说了声："你们看上面是谁？"我们好奇地往上一望，哈，是体育委员穆卫东和大力士陈立峰！他们在上面干什么？"你们看到他们手中的绳子没有？绳子的一端已固定在穆卫东后面的大松树上，这一端打着个箍，尺寸可以自己调节，等会儿每个同学依次轮流，轮到的同学把箍捆在自己的腰部，然后用两只手攀着绳子往上爬，快爬到时穆卫东和陈立峰就会接应你。"钟老师不紧不慢地讲完话，又像一个教练员那样问了一句："听明白了没有？"稀稀落落响起几声应和。"好，同学们，保安措施绝对可以放心，万无一失！下面就看你们的了！"然后钟老师扬了扬手中的绳子，问："谁来示范一下？"女同学们面露怯色，男同学则纷纷抬头仰望。终于班长汪庆新站了出来，说："我来吧。"钟老师于是把绳箍套进汪庆新瘦削的身子，套到腰部后把绳子往里收了收，又往外扯了扯，说一声"行了！"汪庆新便几步走到断崖边，试探着把脚踩到悬崖上后，手里抓着绳子，不断替换着往上攥，下面两只脚也不断替换着往上爬，不一会儿就攀到了上面，陈立峰一手拉住身边的一棵树，扑出身子用另一个手只轻轻一拉，汪庆新便站到了上面，居高临下地向我们笑着招手了。接下来，同学们便一个接一个地爬了起来。

是时已在 5 月，不少女同学已经穿起了轻便的衣衫，显示出亭亭玉立的苗条身材。你想象一下吧，这样青春曼妙的身姿，顺着一根绳子攀援一段悬崖峭壁，是怎样一幅夺人眼球的美丽图画？

## 历史课

千万别误会，钟老师并非语文老师。

高中三年，钟老师没给我们上过一节语文课，他教的是历史。但是，文学上的高度修养，使他上的历史课听起来是那么生动、隽永、才情飞扬，那么富有感染力。中国古代史中诸子百家这一节，大唐帝国这一节，世界史中希腊文明和罗马文明这两节，还有第二次世界大战前夕波诡云谲的复杂形势这一节，都讲得慷慨激昂，声情并茂，既能动人以情，又能启人以思，让我们听得如醉如痴，不知下课铃响，至今还是我们心目中最富魅力的经典课。他的复习课，无论是按照教材的梳理，还是他自己整理的数十个专题的讲座，都那么头绪清楚，条理明晰，让我们感到在无限广阔的时空中遨游时并不那么吃力。

高考成绩揭晓，我们班历史考得非常出色，100分的总分，80分以上的出现了一大片。

## 终成正果

就这样，在全校同学不无羡慕的眼神里，1988年那个酷热的7月，我们高三（1）班迎来了高考。8月份，在当时总务处外面的宣传栏里，成绩揭榜：我们这一届四个班一起毕业的195人中，有43人被高校录取，而我们一个班就占了18位，上线率远远超过了当时几个理科班。

钟老师的智慧和汗水，开出了一朵朵迎风怒放的灿烂鲜花。

近几年来，可能是源于对当前僵化死板的应试教育的失望，人们开始打开尘封的历史，从过去的岁月中挖掘可供借鉴的宝贵资源。

青年学者傅国涌是其中突出的一位，2006年，他把自己所写的这一方面的文章汇编起来，以《过去的中学》为书名予以出版，书中提到的20世纪二三十年代的一些著名中学，诸如培养了李健吾、何兆武的北师大附中，以"允公允能，日新月异"为校训，让学生自发结社、办壁报、组织时事辩论赛，特别强调体育、美育和动手能力，教师自编教材、讲课灵活而充满创意的南开中学，云集了朱自清、夏丏尊、丰子恺先生的浙江上虞白马湖中学，其师资之优秀，理念之卓越，眼光之超前，让我们这些后来人感叹。

不过，在这里，我也想对傅先生说一句，他眼中那种风华绝代的中学风光，在20世纪80年代，也曾短暂地出现过（当然，从表面上讲，可能没有过去那么大）。这个判断，当然跟钟老师有关。

我总在想，钟老师作为20世纪80年代的一名高中教师，他的优点无疑是多方面的：比如他的才华，他的敬业，他对贫寒子弟的关心，甚至于他讲课时那种深沉而又从容的腔调，他的频率并不太高却优雅自如的手势，都成了日后他的那些走上讲台的弟子们明里暗里极力模仿的讲台范式。不过，倘要我用一句话讲出钟老师的特点，我觉得可以这样来概括：他在"素质教育"一词尚未出现在中国大地的年月，率先进行了标准的素质教育。

在他效力的领域，钟老师超出了他的同行近十年。

# 那高高的土堆台……

程武初

　　位于村口旁的土堆台哟，不知吸引了多少过往行人的双眼，令他们伫立瞻仰；也不知成了多少村民的守护地，让他们自觉地去培土植树；也不知牵动着多少飞出去的"金凤凰"的心，叫他们遇到一起一阵寒暄后不约而同地说："咱们回去看看它吧。"

　　台上安息着一个不朽的灵魂，他的故事在一代代地往下传播。

　　他的名字叫程永坤。

　　他天资聪慧，勤奋好学，加上读书时间长，其学识在当时被全村老少公推最高。他上完学被请进村里学校教书，没两年不知怎的"右派"的帽子落到他头上，起先是挨斗，接着下放农场接受改造。事发前，托媒人介绍，他和一个漂亮的女孩相识相爱。为了不连累对方，他在农场里挥泪写下绝情书。几年后，他从农场里走出来，还是被请进村里学校。此后他再没恋爱，并且终生未娶。

　　20世纪80年代末，我迈进学校的大门，开始跟他学"算术"。期间听到大人讲他的许多故事，还听说有几次上面要调他到大部门去，他说他离不开这里的娃娃们。又有一回上面派他去进修，然后转正吃国家饭，他也不答应，说学校人手紧他丢不下手中的娃娃！

　　他常常教我们背顺口溜，借此记住法则、规律。记得学打算盘时，他边演示边叫我们背："拇指顶光光，拨上又拨下；食指叫呱呱，一心管上珠；中指长又长，专门管下珠。"顺口溜轻易地让我们记住了指法。他时常用彩色粉笔在黑板上画图分析、推理；也时常摆弄教具把运算过程演示出来，让我们学得直观、形象。我们都喜欢上他的课。

　　他把学生当作自己的孩子。要是有同学没有笔、本子，他都悄悄地从自己衣兜里掏出钱买上；要是有同学在学校里生了病，他连忙给带到村里诊所，并且垫上药费；要是有小同学拉了裤子，他立马上前解决，并无半点怨言。记得我们读二年级时，班上一位女生在他的课堂上尿了裤子，女生很娇惯，躺在地上又吵又闹，他连忙走上去抱起女生哄着她，不说女生的不是，反而责怪自己没提醒她上厕所。女生家住学校附近，他把女生送回家换上干衣服后，又把她带回学校。此后在课间，常常听到他亲切的提醒："要上厕所的同学快去上厕所。"最难忘的是每年冬天的早晨，他总是提瓶热水到学校，每个早自习前他领着我们这群穿着破破烂烂的农家子弟在操场上跑几个来回，等我们身上发热后他端来热水给我们泡手，待我们浑身上下暖暖和和后，让我们进教室读书。

当一茬茬学生在他手中学有所成升入高年级时，他如燃烧的蜡烛、吐丝的春蚕，不断地损耗着自己。

在五十五岁生日到来之际，他累倒了，倒在他默默耕耘了三十多个春秋的讲台上，从此再没起来。

他走时穿着一件发白的中山装；留在人世间的只有一间破烂不堪的、空空荡荡的瓦屋和到死还是"民办老师"的称号。

那高高的土堆台，正如乡亲们所说，是座碑。是呀，那是一座丰碑，是一座停息着"捧着一颗心来，不带半根草去"的灵魂的丰碑，永远地矗立着，世世代代！

# 四十五年恩师情缘

薛振堂

四十五年前，我是一个初中生，四十五年后的今天，我已经是一个有三十八年教龄的老教师。从初中生到老教师，四十五年来，我一直敬仰我的初中班主任、语文老师曹敏生先生。先生是我的楷模，是我的榜样，是我一生中最尊敬的人。

一个人在求学时期能遇到一位好老师，是一辈子的幸福。我今天在事业上能小有成就，在文学写作上小有成绩，就是因为我在读初中的时候遇到了曹敏生先生这位好老师。

在我的印象中，曹敏生先生是一位青年教师，经常穿一件灰色的中山服，显得温文尔雅。他的神情总有一种既不失教师的尊严，又让学生愿意亲近的、恰如其分的温和。他教我们语文课兼任班主任。当时正值"文化大革命"时期，教育受到了很大的冲击，教学极不正常。而他却一如既往，照常认真上课。

我从小就爱学习语文，三年级时作文就常常被抄写贴堂。进入初中是我人生的一个里程碑，因为我十分荣幸地遇到了曹敏生先生当我的班主任，教我的语文课，使我的写作有了长足的发展。

曹老师早就知道我的一切，因此，教上我后，就对我特别关心。一周后，他把我叫到办公室进行了一次特殊的作文考试。当时，我很胆怯，对自己能否考好心里没底。老师把作文题给了我，限定一个小时完成。

我坐在老师的办公桌前，摊开稿纸，小心翼翼地审了审题目，在心中打好腹稿，谨小慎微地开始了写作。每个字、每个词、每个句子、每个段落，都认真推敲，生怕写的文章过不了关。一个小时后，当我把写好的作文捧给他时，那颗心怦怦直跳。没有想到的是，曹老师居然看得那么入神，显然是得到了他的认可。

打那以后，曹老师对我的写作非常重视，并要求全班同学以我为榜样，人人注重作文，每人建两个作文本，叫"大作文"和"小作文"。大作文一周写一篇，小作文是曹老师为提高我们写作水平出的一个绝招，要求每天必须写一篇短文，所见所闻皆可。这下可苦了他，他的作文批改量增加了很多，常常要熬到深夜。

　　就这样，我的作文水平日渐提高，好多习作都被老师当作范文讲评，我的作文还经常被登在壁报上。每当此时，那种感觉，真比在全校大会上领奖还风光百倍。

　　还有一件事，对我当时幼小心灵的影响是很大的。那是升入初中的第二年，因为上山背柴腿被斧头砍伤落下了课程，也受当时环境的影响，我有了厌学情绪，从逃学到停学，后来居然参加了生产队的劳动。一个炎热的上午，我正在田间欢声笑语地锄棉花田，突然，曹老师出现在我的面前，二话没说，拉着我就往学校走。那一刻，我感到一种莫名其妙的激动，我的心重新回到了学校，回到了课堂。这一年，恰逢"智育回潮"，上高中取消了单一的贫下中农推荐，要进行严格的文化课考试。收罢秋，曹老师带领我们进入了紧张的备考冲刺，编写复习提纲，进行模拟考试，个别辅导，重点培养。1973年，春暖花开，我终于以优异的成绩跨入高中的门槛。

　　此后，曹老师还一直关注着我，每次回家，我都要到学校让他迷途指津。在他的鼓励和教导下，我充满信心，怀着远大理想去努力学习。高中第一学期就以一篇《校园春早》的散文轰动了全校，我还主编班刊《战地黄花》和班级壁报，在"批林批孔"的日子里，冒着风险编印了一本《中学生作文选》。

　　高中毕业，我回村当了大队通讯员，写材料，办板报，都是我的活计，经常到学校向曹老师请教。1976年元旦，我写的诗歌《新年驾着东风到》在《运城地区报》发表，曹老师第一个在报上看到，并在全校师生大会上讲读。从这首处女作开始，我步入了和笔杆子打交道的生涯。1976年10月，我走上了教师岗位。三十八年的教育工作，不论是站讲台教书育人，还是在机关搞教研，曹老师那温文尔雅的身影，那一心扑在工作上的敬业精神，无时无刻不映现在我记忆的心幕上。我一直把他当作我心中的一把标尺，以他为榜样，努力工作，敬业求进，在人生的轨道上留下一串闪亮的印迹。

四十五年来，我和曹老师一直保持着联系，不断交流写作和书法，他不仅是我人生旅途上的引路人，而且是我最好的文友。"振奋经纶兴华夏，堂正毕生育英才"，这是他在 2008 年给我撰写的嵌名对联。为了感谢曹老师的栽培，这些年我以老师为榜样，爱岗敬业，孜孜不倦，取得了较好的成绩，老师看在眼里，喜在心上。老师的恩情我没有忘怀，曾经在报刊发表了《师生情》《师德伴我风雨行》《心中的榜样》《恩师情缘》等散文，都是写我与曹老师的师生情谊的。

　　2008 年，七十多岁的曹老师要出版他自己的书《绚丽的晚霞》，他找到我，和我商量书的编排细节，并要我为他的书稿进行校正、题写书名、写序和写后记。我没有推辞，很认真地为老师做好了他嘱咐的事情。同时，写了一首《恩师永铭》的小诗：

　　　　天命已知心不宁，难酬恩师再造情。
　　　　雅兴书坛夕阳红，取乐丹青心田静。
　　　　入书始知人有影，大作可见师从容。
　　　　少小逢贤千载幸，侍驾相从慰平生。

　　回赠给老师一副嵌名联：
　　当年年轻有为，登讲台，育桃李，献身教育，呕心沥血才思敏
　　今朝暮年雄心，练书法，绘丹青，雅兴乐趣，挥毫泼墨虎威生

　　曹老师曾多次在我的书房与我畅谈，看见书房没有字画，他专门给我书写了两幅书法作品，并装裱好赠送给我。

　　2012 年，曹老师要出版《绚丽的晚霞》续集，我一手给他编辑、联系出版单位，圆了他的梦。但是，书出来以后，有两处不尽如人意的地方，我也觉得遗憾。今年，他又要增印此书，特别嘱咐要把那两处改正过来。在与我商谈增印书的时候，我赠送给曹老师一本我的彩色精装《激情岁月》。不料想，晚上 10 点多，曹老师打电话给我，指出了我书上的一处错误，这让我感动不已。

　　2013 年，我要出版一本民俗楹联诗文集，联界的朋友在河东楹联论坛

上纷纷题联祝贺。曹老师知道这个消息后，连夜伏案琢磨，给我撰写了两幅贺联。

曹老师今年八十多岁了，仍然精神矍铄，仍然爱书法、爱丹青、爱写作，还担任了镇书法协会的会长。他是我毕生的老师，也是我毕生的文友。

写这篇文章之时，已是甲午马年的深秋了。如梦的细雨在窗外缠绵，凋零的叶片在细雨中轻舞。捧一杯清茶，静静地立在窗前，心底的一根弦随着柔柔的歌声被轻轻地拨动。任凭暖的风，抑或冷的风，将沉睡的思绪唤醒，抽成丝，连成线，缓缓地飘向心底的那一方……

今年春夏之交的时候我送给老师一盒文房四宝的礼品，从那时到现在，还没有见过先生。

曹老师，您还好吗？您还记得前年交给我的这篇已经发了黄的小评论吗？这是您对我评价最高的一篇作文。虽然这是一篇在当时时髦的批判评论文章，虽然这篇文章只有不到两百字，但就是您对它的很好的评判，让我爱上了写作！老师，您还记得您前年交给我的那份名单吗？那是您在我们忠信村带过的七十八个学生的名字。一篇小评论，您竟然保存了四十年。七十八个学生，您至今牢牢记在心中。这是多么让人感动的园丁精神啊！

老师啊，在您的鼓励下，我发奋努力，不仅成为一名合格的中学语文教师，而且在文学创作上也有很大的成就。老师啊，是您改变了我的命运，是您指引我在人生长河里找到了自己人生价值的坐标。您传授的知识连同您的品德将永远影响着我。

岁月如梭，往日如梦。您在春华秋实中播撒与收获，在汗水浇铸中奉献和给予。忘不了您轻柔的话语，忘不了您送我上领奖台时的赞许和激动，更忘不了您常讲的一句话——用最大的热忱迎接生活，生命会回赠你最多的快乐！

天色渐暗，茶已放凉，窗外细雨依旧缠绵，但心底升腾起一缕温暖和着掠过的清风汇成无尽的思念：曹老师，您好吗？

# 严而有慈是谓良师

张绍俊

宋代学者吕公著曾言："人生内无贤父兄，外无严师友，而能有成者少矣。"《说文》云："慈，爱也。"我心目中好老师的形象，就是上述两者的结合，可以用"严而有慈"四字来概括。"严而有慈"具体而言，即于己为严，于学生则严慈相济，严中有爱，妥善地把握好"严""慈"之间的平衡点，以求严不失慈，慈不害严，这才可称得上为真正的良师。严师慈心，在老师严厉的外表之下，大多深藏着慈爱、柔软的内心，这是许多良师的共通之处，我的老师也不例外。

高瘦的身材、清癯的面容，说话时声如洪钟，中气十足，行路时步履矫健，健步如飞，临之不言自威，视之儒雅卓立，全然不似一位已过花甲之年的老人。他就是我的老师——汤勤福先生。记得当我第一次看到他的时候，那股不怒自威、绝类离伦的深蕴，使人不敢正视。让人心中随之而来，便萌生了一阵难以名状的怯意以及强烈的敬畏感。我的第一感觉不错，在以后的接触中，我渐渐体会到老师的"严"是那么的真切。

在我与老师的第一次谈话中，他就严肃地叮嘱我："做学问的第一要务就是做人。人品不佳，做学问做得再好也没有用，汤老师是不要这样的学生的。"两年来，这句话我一直铭刻在心，须臾毋忘。所谓"立世先立身，为学先为人"，我知道这是老师对学生的谆谆告诫：学会做人才是做学问的前提所在。平日，老师的学术、社会事务很多，但对我的学术训练并没有放松，每月都要交读书笔记，汇报读书心得，即使再忙，他也会及时批阅，并与我讨论一些具体问题。老师的目力，因长期伏案已大不如前，但他对我论文的修改，仍是巨细无遗。小到一个空格、标点、脚注，大到文章的结构、材料的引用、观点的表述，他都会加以按语，给予大段的批评与指点，通常一篇论文修改下来，早已满纸批红。多少次，我怀着忐忑的心情打开老师的修改稿，映入眼帘的满目朱红，让人顿觉无地自容。此外，老师批评我，指摘我不足时，往往大声训诫，丝毫不留情面。在我的印象中很少听到他对某学生的论文表示过嘉许之意。在我看来，如果老师对某生罗列出的批评意见不多的话，这已应算是一种赞许了。

于生严则躬亲更严。"饭疏食饮水，曲肱而枕之，乐在其中矣"，老师在物质生活上没有什么高要求。他为人谦和，衣着朴素简单，一箪食、一瓢饮也难改其初衷，但他对学术的要求极高。对老师来说，学术研究就是他最乐意为之的事业。他曾说："钱生不带来，死不带去，要做一些自己愿意做的事情。"三十多年的学术生涯，他从未虚度寸阴，每日工作到凌晨一二点是他的常态，他的每部专著都倾注了大量的心血与精力。"仰之弥高，钻之弥坚，瞻之在前，忽焉在后"，作为学生，与老师相比实在自惭形秽。但这些都已成了我宝贵的精神财富，每当我懈怠徘徊、踟蹰不前之际，老师就是我坚持下来的精神源泉。

老师的"严"也并非铁板一块，缺少温情。作为人师，他对学生的慈爱之心，不似其他老师那样有目共睹，而是润物无声般，需要你细心体会。

时常与老师邮件往来，老师在邮件中总是习惯用一个敬辞，即"您"字。无论对谁，即便对自己的学生，他也用"您"字。有时，我看着老师满篇的"您"字，深感这样的称呼实在是折煞于我。曾向老师建议改为"你"字，以正师徒之别。但老师至今仍不改其初衷，依旧对我以"您"字称之。他对学生的尊重与重视，那份浓浓的慈爱绝不是矫揉造作、刻意为之，而是发自他内心的实实在在与真真切切。每次行文至邮件的末尾，老师总要殷殷嘱上一句："时间非常宝贵，稍纵即逝，要抓紧时间多读书，写论文。"这些话，时刻激励、鞭策着我。在学习研究的过程中，如果我有什么难寻的论著、材料无法找到，老师总能尽其所能为我觅得，给予帮助。有一次，为了给我找一本论文集，他在家中翻寻了好久，第二天还专程赴学校，并打电话让我去学校取回以作参考之用。由于我与老师的回家线路顺路，下课后经常有与老师同坐一车的机会。因性格内向，抑或是出于对老师的敬畏，我不太主动与老师聊天，一路上通常是默默无语。但每当我下车向老师告别时，老师总会轻轻地关照我："路上小心，注意车子。"诸如此类的细节，都让我颇为感念。

习近平总书记在《做党和人民满意的好老师》的讲话中提到："好老师对学生的教育和引导应该是充满爱心和信任的，在严爱相济的前提下晓之以理、动之以情，让学生'亲其师''信其道'。"老师的严格要求，慈渥恩霈对学生心灵的滋润、人格的养成、道德的成长、学业的磨砺作用极大，"浇灌"至深。所谓"师者严而有慈，则小子生敬畏而止善向学矣"，真正的良师对学生的影响是内化于中、外感于形、温润于心的。

我的老师就是这样的一位"严而有慈"的良师，他为我的道德养成、学术追求、人生道路指明了方向，树立了标杆。

# 可敬的先生们

王清铭

吾乡历来有尊师的传统。文盲的外祖母不让我们用有字的纸擦屁股，敬惜字纸，其实就是敬惜文化。吾乡把老师和医生并称为"先生"，医者治疗身体疾病，师者医愚、医心。

近来网络上到处都是"最强班主任"的新闻，东北某县一教师因为学生教师节没有送礼，结果骂了一节课。我当了二十几年的教师，也曾"骂"（批评）过学生一节课，那只是因为他们没有认真完成作业和组织纪律差，有点恨铁不成钢。我也曾经向学生要过"礼"，我在散文《珍贵的礼物》中写过，我要的"礼物"，就是让一位高考成绩优异的学生给所有的科任老师打一个感恩电话。后来我自己也收到两份终生难忘的特殊礼物：两个电话。一个是位女学生打的，另一个是女学生的母亲打的。

今天中午，突然就想起了多年前教过我的先生们。小学在村里念，教我的老师几乎都是民办教师，都姓郭。乡里乡亲的，拐弯都是亲戚，我的父母除了问候，没有送过礼。五年级的时候终于有了公办老师教我们，恩师的名字叫连诚。他给我最深的印象是那刮不干净的络腮胡子，还有就是他穿的一件由女式裤子改过的裤子，以及他经常卷起的裤腿和腿上的泥土。连老师是书法家，我心目中一直是这么认为的。如果有机缘，他肯定能在书坛获得一点名声。但他就像他腿上未擦干净的泥土一样默默无闻，那时全村的春联几乎都是他写的，即使后来他调离我们村的小学，路上碰到时，还不忘嘱咐我们，要写春联，拿到他家里。那时，我们都没送礼，连老师不抽烟，我们连敬一根烟的礼节都免了。我们所做的就是，当他从村里经过时，远远就向他打招呼。

初中时念的是芹林附中，班主任是徐肇焕老师。他教过的知识，我们都还给他了，但我至今难忘的是一件事，初二上学期，徐老师跟我们说，初一班费还有结余，每人平均一毛四，就不发给大家了，他给同学们各买一副挂图。那时根本就没有审计，也没有回扣。我看了挂图的标价是一毛六，也就是说，徐老师给每个学生倒贴了两分钱。我们村里当时有两位同学初一时就辍学了，他们的挂图就是由我送的。多年以后，遇见徐老师，他说，他现在手上还有那些年教过的所有学生的名单。某一天，跟徐老师一起喝酒，说过我们同班的某位同学，我连他的名字都很陌生，但徐老师还记得。那时没有家长会，我的父母根本就不认识我们的老师是谁，他们觉得把孩子托给老师，就放心了。徐老师没有收过礼，相反却倒贴了钱，这就是那时的老师。

初二下学期，父亲为我转学，转到湖宅附中。当时父亲特地买了一包烟，我现在还记得是"碧鸡"牌的，七毛多，那时已经是高档烟了。找了芹林附中校长，分给他一支，校长批准了。其实有没有这支烟，结果都一样。那时校长不会去为难任何一位家长。找徐老师，徐老师大发雷霆。我们这一班是当时芹林附中初中的最后一届了，我算是优秀学生，我走了，徐老师说，油面都被舀走了。徐老师没有为难我们，签了名。我转到了湖宅附中，后来芹林附中的这些同学到了初三也都并入了湖宅附中，原先的同学也成了后来的同学。

在芹林附中念书时，没有正式的英语老师，先是刘庆明老师代我们英语课，他去食堂蒸饭罐的时候还"log""green"地念了一路。后来换了一个英语老师，不知道名字，我去他宿舍交作业，看到他吃的菜只有一大碗的小虾米，很便宜的，当时大概一斤只有几毛钱。那时根本就没有课外补习，两位英语老师也想不到去捞一点外快。

在湖宅附中，初三的班主任名字叫王振辉，枫亭人，阅历似乎很丰富，据说以前玩过魔术，我们最期待的不是他的语文课，而是他的魔术，他还真的在他宿舍中演示过一次。他有一双擦得锃亮的皮鞋，好像是当时流行的三接头的，鞋底钉了马掌钉，一走过来，远远就能听到清脆的声响。好"显摆"的王老师，好像当时他在我们学生那里口碑不怎么样，几个调皮的学生还在他教我们合唱时夹入嘲笑他的话，王老师应该听到了，但他不以为意。初中毕业后，去王老师那里看中考成绩，领到了一块五的奖学金。

只记得当时怀揣一块五毛钱，走在路上似乎是土豪。现在突然想起了王老师，心里却有一种由衷的敬重。那时学校没有审计，能够审视的只有老师的那颗心了。什么是口碑？那时懵懂的我们根本不懂。

那是一个廉洁的年代，我怀念那个年代和那个年代所有教过我们的老师们。可亲可敬的先生们。

# 为 师

游隆信

在教育长河里蹚了16年，从初涉时的激越，到迷茫时的探索，再到若有所悟的淡定，自以为对教育有了一些思考和理解，也可以在教职工大会上侃侃而谈。然而，与高中班主任程继伍老师的重遇使我猛然醒悟，在教育世界里，自己依然是一个无知的少年。

他让我明白了：为师，要有精神，要有理想，不仅自己要有梦，还要让学生有梦……

## 记忆

"这是一个爱生如子的老师，他是学生生命成长的贵人，成为他的学生是一生的幸运。这是一个热爱教育的老师，视教育如自己的生命，宁可不做官也不愿离开三尺讲台。这是一个用情做教育的老师，他把毕生都放在了研究如何上好课、如何让他的学生懂得更多，知识的、生活的、生命成长的……他给了学生幸福，他也从教育中收获了幸福。作为特级教师，今年53岁的他连续多年一直担任高三两个毕业班的语文教学任务，一周14节课……"这段话，是程老师给我们全校教职工做讲座前，我对他的介绍。再次作为学生聆听老师的讲座，看着讲台上熟悉的身影，思潮翻涌，记忆闸门顷刻间打开，心飞回了20年前那一个个清晰的温情场景……

在他的课中，时间总在不知不觉中流淌——

语文课，是他的"展示会"。他写得一手漂亮的粉笔字，每次上课，欣赏他的板书，就是一种享受，他的字体成了我们的临摹本。他的课很严谨，逻辑性强，就如他的字一样，不随意、不随性。他告诉我，为师的做人就如写字和上课，要严谨，要有精神，要自信……

班会课，是他的"新闻发布会"。没有学校工作安排的周五最后一节课，他坐镇讲台，接受学生的"狂轰滥炸"。口头的、递纸条的、事前准备的、即时想到的，问题天南地北、古今中外，有问必答。他告诉我，为师就要知识渊博，旁征博引，笑谈古今……

自修课，是他的"故事会"。他经常给我们朗诵名家自传，"告诉"我们名人成长的故事，我们总是在回味无穷中期待课堂时间的延续。从他读的《琼瑶自传》中，我学会了词语"颠沛流离"。他告诉我，为师就要引领孩子走进人的精神世界……

在他的眼里，学生是有尊严的个体——

他在班里创了班刊《心泉叮咚》，大家都为能在上面看到自己的文章而自豪。有一回，为了在上面发表文章，我杜撰了从乡下回到镇里的路上，一个头发很长的小青年骑着车的场景。他看出了问题，却只用一句"你描述的确实是一种不良现象，但现实中是否真有这样的人呢？"点破了做人要诚实。他告诉我，为师要以尊重为前提让学生明白自己犯的错，教育要无声……

读高一时，他送给了我一支双色圆珠笔，那在当时是一种很时髦很贵重的笔，不锈钢外套蓝色笔身。我爱不释手，上学放学都随身携带，却在那一年的寒假去姐姐家的路上不慎丢失，每次想起都心疼不已。高二那年的年前，他拎着一盒当时市场上难得一见的保健品，骑着自行车来家访。第一次，有老师如此郑重其事地把我这样当回事。毕业留言册上，他给我写下了李白《行路难》的最后一句话，我也把它送给了我一届又一届贫苦的孩子，"长风破浪会有时，直挂云帆济沧海"。他告诉我，为师要把每一个"穷"孩子看在眼里，记在心里，要把最好的东西给孩子，尊重他们，点燃他们心中生命的火种……

在他的生命词典中，"逐浪淘沙"是他奉献教育的代名词。

大学毕业后我幸运地回到了高中母校工作，再一次成为他的"弟子"。工作第一年，学校组织越野跑，我和他被安排在中转点为学生分发中转票。大家都在谈笑，他却拿出一本杂志旁若无人地认真看起来。一个微小举动，在我心里深深扎下了根。我的读书习惯由此建立，从此书不离身。至今，读书买书成了我几乎唯一的业余爱好，成了真正的习惯。他告诉我，为师要在阅读中成长自己，不断学习，丰厚自己的心灵……就在这一年，他评上了浙江省语文特级教师，"特级"这两个字，也在这时在我心里扎下了根！

多媒体刚走进课堂，大家对"课件"还非常陌生的时候，他已经能比较熟练地掌握 ppt 的操作技术。那是一堂分析李白诗的公开课，课件里那个在亭子里"走动的李白"深深印刻在了我的记忆里，在场的听课老师无不称奇。他告诉我，为师要能站在时代的前沿，与时俱进……

## 为师的境界

如我一般的穷苦孩子，因为他改变了命运，他成了我们生命中的贵人。程老师却说，他当时只是单纯地想：通过自己的努力，多少能改变那些贫苦的学生一点生活。他总在朴实、平和中传递一种精神，不服输、不怕累、不放弃、积极向上的精神。

为了备好课，暑假他就把一本语文书的每一节课全部备好，自创了"三级跳"备课模式：提前一个月写出综合运用型详细案，上课一周前针对学生实际圈定取舍内容，上课前一天结合课文"精备"，力求"舍弃"教案，无案上课；为了上好公开课，他的课到了炉火纯青的地步，有一次刚开始上课即突然断电，他镇定自若上了一堂"盲课"，赢得了在场所有听课专家的掌声。他的公开课没有一次是重复的；为了保护学生的自尊，他可以和校领导闹翻；为了家访，他会骑一整天的自行车到天黑……他用"学生的天职是读好书"勉励他的学生，告诉他们要读书，要把书读好，要读好书，命运就在自己手里……

他让我明白了，为师至少有三重境界——

一为经师，二为人师，三为名师。经师就是人们常说的教书匠，只把教书看成养家糊口的职业，一辈子只教那几本教科书。人师除了教书，还教做人，人师是好教师，他们爱学生，把教书当成了事业。遇到这样的老师，是学生的幸福和幸运，"经师易得，人师难求"说的就是这个道理。名师是为师的最高境界，他不仅激发孩子内心对生活的热爱和对生命的激情，更重要的，是传递给了学生梦想，让他们怀着梦想生活。名师有自己的教育梦，他还带领学生一同做梦。名师，是学生生命里真正的贵人。遇到名师，是生命的造化。

我的身上，已经深深烙下了程老师为师的影子。他的言行在不知不觉中传递给了我，使我一直坚守教育的理想和信念。"我也想成为特级教师"的梦想，一直激励着我。也许"特级教师梦"终将成为我一辈子的梦，但就是这个梦告诉我，即使不能成为"特级"，我也能做很多事，通过我的努力影响一些孩子的未来，为他们做点什么。

我要和程老师一样，把自己的梦传递给我的学生，带领他们一同做梦……

# 乡村师魂

段家荣

透过我厢房的窗，视线翻越三岭之外便可以看到几棵巨大的老树，模糊的树影在多年的风吹下婆娑弯曲，驼得有点像外婆的背，在弯曲的驼背下有一座更加模糊的小庙，我小学一二年级的学习生活就是在那里度过的。

那是我一生中最快乐的学习时光。我们几个邻村的孩子就在这样的村小里读书，全校只有一年级和二年级，加起来约莫二十多个孩子。学校是由以前的村庙改过来的，一共有三间瓦舍。一间作为教室，一间是陈老师和不能回家吃午饭的孩子的厨房，另一间是陈老师和他小女儿的宿舍。陈老师便是我们学校里唯一的老师。

陈老师和父亲的年纪相仿，却是父亲的老师。以前父亲是个文盲，后来政府在乡村开展扫盲活动，陈老师负责在这一地区授课。父亲，母亲，还有好几个亲戚都是班上的学生。因此算上我这一代，陈老师已经是我们家两代人的老师了。在父亲的影响之下，我从上学的那天起就如我父亲那般的尊重他。

在我们的村小学里，一年级和二年级背对背地坐在同一间教室，前后各设置一块黑板。陈老师给我们讲完一节一年级的课，稍布置一点作业，就走回去给二年级学生接着讲课。我总是调皮地转过身子跟着他们一起学，陈老师看到了也纵容着我的顽皮。有时在背诵课文，二年级的学生怎么都记不住，陈老师就抽我起来让我给大家背诵，我总是不辜负他的期望流畅地把课文背完。他就表扬我说："你看段同学多么好学啊，已经会背啦，你们二年级的学生可要赶上啊！"他给我的鼓励让我觉得我似乎还是有点念书天赋的，心里自然是窃喜，希望他以后都一直关注着我。私下里他还经常和父亲说："你好好供他读书，这个孩子前途无量啊！"我更是认真地学习起来，争取每次考试都把成绩考在第一。

在我的印象里，那时课后基本上是没有作业的，课间我们几个伙伴就邀约着一起玩抓石子、老鹰捉小鸡、打陀螺的游戏。陈老师时常加入我们，扮演着最艰苦的角色和负责帮我们改善玩具。要是遇到秋高气爽，大家特别开心的日子，他就带着我们去山上捉野兔，摘小杨梅，找块平整的草坪坐下给我们讲讲道理。伴随夕阳而归，路过叮咚的小溪，顾不上游玩的倦意，大家就卷起裤腿去掀起石块抓几只牛蛙，游走于溪水之间。如果足够幸运，我们的收获将会变成一顿美餐。到了放学之时，我们几个家里比较穷的小伙伴就死皮赖脸地追着陈老师，让他把我们带到中间的厨房，大家七手八脚地弄起饭菜来。那些食物可比家里的美味得多了，我的家里比较清贫，在家一个星期也不见得有一顿肉可吃。陈老师虽然日子也不算好，可是有什么好一点的东西总是和我们一起分享，他的女儿是我的同桌，我感受到我们确实就如他儿女一般，受他悉心的、平等的照顾。

　　我读二年级时，我和父亲去摘成熟的核桃，我不慎从核桃树上摔了下来，把手给摔断了。那时一家子人也没有去过城市里的，思想还是保守落后一些。就找了村里的"草医生"给我包扎，吃了几副中药。可一个月过去了我的手也没有好转，父母都以为我这只手终生残废了，哭了好几个整夜。陈老师专程来到我家，拿着他几个月的工资给父亲，要我父母赶快送我到城里去医治。我在市里的医院做完手术，手刚有些恢复，我就和父亲说，我要回去参加期末考，父亲和陈老师商量后，还是同意了我的想法。我架着钢板，用一块紫色的顶巾吊在脖子上挂住右手，艰难地把试卷做完。父亲说他为我自豪，也相信了陈老师的那番话："他是可以有前途的。"

　　二年级读完后，我们就被编入了整个村委会的小院里去学习。那几间校舍就此没有了往日的生气，静静地沉下来了，也没有人愿意去搭理它了。陈老师也再没给我上过课了，他后来过得很不如意，一个村小来的老师往往被其他老师看不起，又被调到离家更远的村小学去教书。他的女儿也不如他所期望的那样学习优秀。反倒是我，一路突飞猛进，考上县里的高中，后来又以优异的成绩考入北京师范大学。那时我曾听父亲说，上级领导去学校批评他教育搞得不好。他就对领导说："我教的学生现在有在北京学习的，你们有教过吗？"领导也就作罢了。听父亲说完，我不知道为什么眼泪就情不自禁地流下来了。

我读大四的时候回家看望了他一次，那时他已经退休在家了，苍老了许多，人也还算精神。他说平日里就在家里放放牛，如果有力气就再开垦几亩土地种种魔芋。他说他为我感到自豪，以后要到我工作的地方看看我，想看着我成家，想看着我立业。后来由于工作忙碌就再也没去看过他了。去年，我在准备我的婚礼，他给我打了个电话，告诉我他一定会带上他的一家人来参加我的婚礼，把最好的祝福带给我。可没过几天父亲打电话给我，说陈老师离世了，也没有什么病痛，前一天还去开挖生地，那晚睡下后，第二天中午家里人感到奇怪去叫他起床时才发现他已经走了。听到父亲这么说，我脑袋好像没转过弯来，嗯了一声就挂了电话。我不知道该想些什么，也不知道该说些什么，心里翻腾得厉害，想哭得厉害。往事依稀，折磨了我好些日子。

我现在也是一名老师，在这个世上是平凡的，我们的生和我们的死都是那样的平凡。我不知道我的有生之年能不能像他那样，至少也给一位同学留下不可磨灭的记忆。现在的我再也遇不到往昔"夏山学校"般的自由教育了，他的离开，也是曾经存在的一种教育方式的死亡。我不记得他教过我什么知识，可我记得我以前所受的教育是快乐的，是被深爱的。我应如他那般的深爱自己的学生，给学生带去快乐，即使是步履维艰，即使是最后归于冷寂。

我回家经常从厢房的窗子看看我的小学，老树依旧婆娑，房子有些模糊，现在应该是破旧了吧，好像陈老师一般，渐渐被遗忘了。我好几次从学校下面走过，都没有勇气再进去看看，我想起幼时和陈老师一起念书："一去二三里，山村四五家，儿童六七个，八九十枝花。"那时那些怡悦的吟读，现在竟有些忧伤起来！

# 醉　侠

## ——忆我的小学语文老师

朱永通

在秋日的夜晚，写下这个题目，顿时沉浸在温暖的怀念中。

——题记

"醉侠"是我小学五年级语文老师的绰号，他姓涂，因酷爱喝酒而得此美称。

我读小学一年级的时候，就知道"醉侠"，就盼着快点长大，能到"醉侠"的班上。"醉侠"长期在毕业班把关，在我们村庄口碑极佳。我父亲经常这样训斥我："你个没出息的，不好好念书，看你以后到涂老师班上怎么混！"我惊讶地发现，父亲训斥我的话在村里的大人之间不断复制着，成了他们教训自家不听话的孩子的口头禅。我，还有其他同龄的孩子，在充满好奇的口口相传中，对"醉侠"产生了莫名的崇拜。

时光真的如水，玩着，玩着，一晃就到了五年级，到了涂老师的班上。关于"涂老师"的遐想一下子消融殆尽，一个本色的涂老师真真实实地出现在我们的眼前。

"醉侠"四十来岁，身材矮小，右腿瘸了，走路一瘸一拐的，鞋子在地上发出的声音一轻一重，所有的同学都"闻声如见人"，只要远远听见"醉侠"渐行渐近的脚步声，刚刚还炸开锅的教室顿时平静如水，只剩长短不一的呼吸声此起彼伏。

到"醉侠"班上前，瘦瘦高高的我一直被老师安排坐在后面。"醉侠"在五年级第一学期期中考试后，就把我拧到第三排，让我与矮我一大截的阿福坐在一起。"醉侠"喷着酒气，郑重其事地宣布，以后谁书念得好，名次考在班级前面，谁就坐到前面。此招据说是"醉侠"的独家秘籍之一，难怪村里人常说，问你的座位，就知道你在"醉侠"班里书念得好不好。坐在前面的我苦不堪言，其一，我早已习惯在课堂上偷偷画画，或看《故事会》《故事林》《童话大王》，现在却只能正襟危坐，装出一副认真听讲的模样来，坚持几天还行，长此以往就受不了了。其二，我把后面一部分同学的视线挡住了，他们的家长经常向我父亲抱怨，我父亲故意装出无奈的表情，但语气里难免透出得意："这又不是我安排的，也不是我去走涂老师后门，你们要找就去找涂老师吧！"朴素的村民抱怨归抱怨，但没有一个敢去找涂老师。有几个家长凑在一起商量来商量去，居然教唆自己的孩子向我扔纸团。同学们乐此不疲，开始扔的都是纸团，后来事态恶化，扔的全是小石块，每次都痛得我哇哇叫。同学们当然很聪明，从不在"醉侠"的课堂上"打靶"。每次我在数学课大叫的时候，数学老师轻则瞪眼，重则一巴掌过来，然后把我揪到办公室罚站，好几次还吼到："胡子（我父亲的绰号）真不幸，怎么生了这么个神经病！"

有一次上作文课，"醉侠"照例喝得两眼发红，整个教室弥漫着醉人的酒香（"醉侠"喝的是那种 5 分钱一碗的自酿米酒）。"醉侠"的作文教学据说是他的另一独家秘籍。"醉侠"布置的作文题是"一件好事"，他先讲了一通记叙文的写作要求，然后教我们怎样构思，他举了两个例子，一是假设某个周末，你和同学们到某地去玩，突然天有不测风云，下起倾盆大雨，这里还可用瓢泼大雨、滂沱大雨等词，你们看到一个农民伯伯推着独轮车，车上载满了西红柿，因为雨天路滑，农民伯伯摔了一跤，西红柿撒得满地都是，同学们赶紧上前帮忙捡西红柿，农民伯伯很感激，要分西红柿给同学吃，同学们都不要，说："这是我们少先队员该做的。"二是假设你们村有一个"五保户"，你和同学们经常利用周末去帮助这个"五保户"做事情，你就重点挑其中一件具体事来写，然后结尾一定要写道："助人为乐是我们少先队员的光荣使命。""醉侠"辅导完，让我们用一节半的课完成现场作文，他一转身又晃到代销店喝酒去了。

之前，我的作文每次都得"优"，因为能够把"醉侠"的构思原封不动且"添油加醋"地写下来的，只有我一个。可是，这次，我神差鬼使，把"醉侠"的构思抛在一边，下笔千言，倚马立就。我写的内容大致是："醉侠"把我调到前面，我开始以为是好事，无比自豪，满怀信心，但是没想到自己成了同学们的"敌人"，受到巨大的打击，更冤的是，数学老师根本不听我辩解，让我在同学面前一点自尊也没有，原本一件好事变成了坏事，所以，求求"醉侠"好事做到底，把我调回原来的位置。这篇作文，我写得酣畅淋漓，好几次眼里都噙满了泪水。作文交上去后，我满怀期待，一直想象着"醉侠"拍案叫绝的情景，甚至还想入非非，"醉侠"激动万分地在班级上读着我的文章。

"醉侠"真的拍案，但没有叫绝，而是黑着脸把我叫到办公室，摊开我的作文本，拍着桌子大声训斥。我垂着头，用眼角的余光扫了一下作文本，一个大大红红的"×"的旁边写着几个鲜红的大字：离题万里。"醉侠"发完脾气后，忽然平静下来，还拉了把椅子叫我坐下。我受宠若惊，怀疑是不是那天刚好"醉侠"还没喝酒的缘故。坐对"醉侠"，我看到他的胡子上沾满了唾沫星子。"醉侠"告诉我，要考重点中学，作文不能由着性子来，要讲究"平仄"（方言，符合要求的意思），这是其一；其二，要像我胡子爸一样能吃苦耐劳，有男子汉气概，不要受点委屈，就想放弃，这是没出息的人才干的事；其三，不要枉费他的一番苦心，如果坐回后面，一切都枉然。"醉侠"语重心长告诫一番后，突然从他的中山装上拔出一枝"英雄牌"的钢笔送给我。"醉侠"没告诉我为什么送笔给我，但在我离开办公室的时候，听到他跟其他老师说道："这孩子，有写作天赋，发展得好的话，以后一定是一支笔。"听得出来，"醉侠"的语气里充满了自豪。

我牢牢记住"醉侠"这句话，从此发了疯似的到处找书读。

我小学毕业那年，"醉侠"被调到一个边远的渔村。不知是不是那个风流校长搞的鬼。

读中学的时候，我还零零星星听到"醉侠"的一些消息。我第一次知道"醉侠"的腿是在"文化大革命"中被打折的，因为他坚决不检举任何人。"醉侠"是那个时代师范毕业的高材生，但家庭出身不好，且腿又有残疾，所以在婚姻上，"醉侠"只好草草了事，与一位贫下中农的文盲女子结婚。

"醉侠"的儿子不争气，早早就辍学，当了小木匠。据说"醉侠"与儿子的关系一直不好，父子俩多年不说话，行同路人。

到了大学，再也听不到任何有关"醉侠"的消息，但我经常会不由自主地回想起那弥漫米酒香味的语文课堂。

今年清明节，回乡扫墓，经过一排排墓地时，我忽然觉得某块墓碑上的姓名很熟，不由驻足细看，一下呆住，碑上赫然写着"醉侠"的姓名：涂公国泽。

仿佛有一种东西穿心而过，是惆怅，是伤感，是无尽的悲凉？

抬头处，青山依旧在，故人何处觅？人间天上，生死茫茫。

我没有成为"醉侠"期待的"一支笔"，但我会在未度的岁月里把"人"字写好。

# 当时只道是寻常

## ——记我的恩师李志芹

李宗伟

纳兰的这句词，用于我和老师之间似乎不太合适，但又确是最能表达我与李老师的那份历经二十八年的感情。姑且用之吧。

——题记

### "咱们班"

和李老师的初次相见，算来该是 1986 年的 8 月底，该升初二那一年的暑假。还有一两天新学期就要开始了，我提前到班里，准备打扫教室，整理桌椅。

放好车子来到班门口，见一位中年女性已经在班里忙着了。中等个子，不算白的面庞，干练的齐耳短发。因为早就知道要换班主任了，所以便自信地问："您就是我们班的新班主任吧？"她正在开一扇窗户，听到我的问话，手停在半空中，扭过头看看我，然后又继续把窗户推开，才转过来对着我说："什么'我们班'，是'咱们班'。"特别的开场白让我有点不知所措，却也有一丝亲近的温暖，于是忙改口说："咱们班的班主任。"说完自己都觉得不伦不类的。她没有刻意再去修正我的语法，然后就说："我姓李，教物理。你应该是李宗伟吧？"又是一个惊奇，但有了前面的铺垫，想想觉得好像一些特别的事、特别的话出自她的嘴里也就很自然了。

"我没有通知咱班（此时说这个词，既有刻意，却也自然）同学来打扫，想自己先来看看。"我用眼神询问她用不用叫上其他班委、同学。她懂了，拢拢耳边的头发，说："没关系，反正活不多，咱俩干吧。"

我们默默地干活，很少交流，偶尔，我会偷偷看她一眼，她始终一丝不苟地在擦洗、打扫每一个角落，务求最干净。看来，她真的已经在心里接受我们了，只不知道，开学后，面对着肯定会一个个接踵而至的难题，她是不是还会自信地说"咱们班"？

但是，这初次的相见，这短短的一句"咱们班"，就让李老师永远地住在了我的心里。

## 小纸条

我当上了物理课代表，成了李老师最直接的助手。虽然我不太喜欢物理，但，我喜欢李老师。

我会每天认真地把作业收齐，甚至督促那些很少写作业的淘气男孩们也都把作业做完；会在每节物理课前到办公室帮李老师拿东西；会在每次考试结束后主动算好平均分、优秀率……原因很简单，李老师身上的特殊气质感染着我。她对班级工作的认真负责，她对每一位同学毫无偏见的关爱，她简率的语言风格、讲课方式都深深地感染着我。

而那张小纸条也就出现在我们日渐加深的交往中。一次上课前，到办公室拿她批好的作业去发。很意外，她没有来，同办公室的老师说她去学习了。在她的办公桌上，我见到一张纸条，是写给我的："宗伟，把作业发下去，帮助大家改错，你的作业我已经仔细改过，照着你的给大家讲讲吧。其他的，你看着安排。"

第一次见老师给学生留纸条，第一次有人那么称呼我，感觉怪怪的。不过并没有多想，便按照老师的布置去做了。但那纸条的内容我却至今记得。

而今回味，那里面有着李老师对我的朋友般的信任哪。

## 班长·遗憾

我在班里的学习成绩遥遥领先，三年一贯的。所以每次班里民主选举之类的投票，我往往高居榜首。

李老师接管我们半学期后，要进行班委改选。我私下里信心满满的，却也不动声色。

选举的结果出来了，我的票数遥遥领先。同桌小声在我耳边嘀咕："班长，以后你得'罩着'我。"我没说什么，却得意地笑了。

李老师把每个人的得票数抄了下来，并没有马上进行班委会人事安排，她让我们上自习，然后就走了。心里觉得有些奇怪，却也并没有动摇我的信心，我甚至开始琢磨班级工作该如何展开之类的事情了。

第二天课上，李老师宣布了班委分工，意外的是，我是学习委员，不是班长。那一刻的感觉现在还依稀于心，周围同学投到我身上的眼光似一枝枝羽箭，弄得我遍体鳞伤。少年的高傲在那一瞬间土崩瓦解。

下课后，李老师叫我到办公室，她问我是不是对她的安排有意见。我倔强地说："不，没有。"然后低头不语。我听到李老师轻叹了一声，然后缓缓地说："把学委工作做好也不容易，你要多努力，也许等你毕业了，长大了，你就会明白老师今天的安排了。"

以后，依然每天帮着老师拿作业，依然稳守着我的班级第一，一切似乎都没有改变，但是，那一份没能当班长的遗憾却根深蒂固地压在了心里。

明白了老师的良苦用心是在自己也当了老师之后。我知道了，她了解我是一个容易分散注意力的人，她是想让我把全部的精力投入到学习上，所以，宁肯当时"伤害"我，也要我专心于学习，以求更好的成绩、更好的前途。

李老师，我真的明白了。

## 无法忘怀的一节课

初三的日子是紧张忙碌的。随着6月份的到来，有志于考高中的，都拼命地在努力，热辣辣的空气中似乎都弥漫着火药味了。

一节物理辅导课，李老师在班里巡视。

我有几道题怎么也解不出来，于是拿来问李老师。李老师坐在了我前面的一个空座位上，我皱着眉头抱怨："这物理也太难了，上了高中我绝不再学它，我肯定学文科。"

李老师眼睛里，一丝难以言传的东西闪过。（那时，那是什么我不懂，此时，我懂了，心里的伤比李老师当年的还要痛。）她很快拿过我的题目，看了看，然后仔细地给我讲解，由一道题到一类题，她整整一节课都在给我讲题。

下课了，有的同学不无妒忌地说："学习好就是不一样，老师就是偏心啊！"那一节课，一直印在了我的脑海里。当时，就已知道，李老师为我做得太多了。

我如愿考上了一中，我们班只考上了两个人。

高中三年是灰色的，既未"衣锦"也便少了"还乡"的理由，便和李老师失去了联系。

但我知道李老师后来调到了市里的另一所学校，离家很近。

如今她该早已经退休了，不知她好不好，想念了，却无法传达这份思念。如今我也当了老师，曾经的一切都理解了，却无法表达内心的谢意与歉意。

李老师，二十八年的距离，我还能遇到您吗？我也深深知道，二十八年，您始终用另一种方式陪伴着我，那是一种精神的滋养。

当时只道是寻常，走过波波折折，始知寻常之处不寻常。

# 师生日久成兄弟

张明

初识张存学先生的时候，正是文学格外挺健、特别吃香的年代。

存学先生的课堂，无论语言、文选还是写作，都注入了浓郁的文学元素，从而使刚步入杏坛不久的他，成了很受欢迎的教师。此时的存学先生年轻帅气，英俊洒脱，一身深蓝色的确良衣裤，属于最大众最时髦的服饰，他面目白净，黑发如漆，从校园里走过，会吸引许多女同事和女学生的目光。

现在回想，受业存学先生的两年，用充满沧桑的话说，是"浩劫之后百废待兴"的时代，我们的精神天空和物质世界一样，灰暗而冷寂，贫瘠而荒芜，存学先生的课堂固然起了拓荒的作用，撒播了知识的种子，飞扬起理想的云朵，但更重要的是，他帮助我们为生命涂抹上了厚重的人文底色。存学先生讲古希腊，讲文艺复兴，讲五四新文化运动，讲象征、比兴和布局谋篇……他上课时的神情庄重而专注，遇到重要内容，他总是站立在讲桌正后方，目光炯炯地环视着凝神倾听的学生，根据讲授节奏的需要，徐徐将手臂抬起，再抬起，停于肩膀之上某个地方，轻轻地顿那么三五下，将关键语句加以重复或强调，才安心地进入下面的环节。当然，更多情况下，他会边讲边板书某些关键字词——存学先生的字撇是撇，捺是捺，横平竖直，点画四肢八叉，透股刚直倔强之气，一如他走路的姿态那样。透着这种气质的还有他的声音，浑厚而富于磁性，高亢却有所节制。

先生祖籍陇中靖远，却生于陇南草原，这两个富有特色的地方本来都有富于特色的方言，可先生坚持讲普通话，无论课内还是课外。这样做的好处至少是减少了口语中不该有的芜杂和啰唆，况且先生的普通话在那所校园里算比较标准的了。他本来不是雄辩滔滔或巧言令色的主儿，但他善于鼓励和培养，诱导和激发，加上年龄与我们相差无几，与我们就更容易沟通。年轻帅气的他几乎成了同样年轻但不全都帅气的我们的偶像，这无形中也使我们对他的课产生了兴趣，舍得花时间和精力钻研了。

印象最深的是先生对作业尤其是作文的处理，他不像个别教师那样在每页适当位置以朱笔涂抹许多圈点（即流行语"可圈可点"吧），以应付迎合相关的检查评比，他费在"圈点"上的心力极其有限，但评语总是不遗余力地长而又长，或四五行，或七八行，甚至大半张作业纸，毛病或不足方面的客观评述必不可少，一是一，二是二，从不姑息迁就，但更多的是引导和鼓励。他善于捕捉作业中的亮点，哪怕只是星火般的闪烁，都会被他挖掘放大，以那四肢八叉的红色文字界定在纸面之上。这也便成了讲评课的依据。讲评课上，他除了分门别类分析和解决问题，还会表扬优异的同学，尤其作文，每次讲评都会"隆重"推介几个拔尖人物，或简评其长处，或选择精彩段落甚至全文朗读，我就曾经多次享受过这种殊荣，甚至被认为具备了文学创作的良好潜质，需要的只是更加勤勉和努力。可以想象，这种方式对一个年轻学生有多刺激多生猛了，孔子说，"知之者不如好之者，好之者不如乐之者"，在一次次的怦然心动中，我越发热衷坐在先生的课堂上了。

有些问题在课堂上不能完全搞透，也便斗胆找先生请教。那时社会风气不像眼下这般浮躁，许多人都见缝插针工作学习，缝补被荒唐岁月撕得破败不堪的青春年华，存学先生尤其抠门，课余极少在校园抛头露面串门娱乐，总把自己关在那十多平方米的宿舍兼办公室里苦修内功。我找先生一般在晚上，远远望见他窗户筛出的灯光，心里又激动又忐忑，在门口小心翼翼喊几声"报告"，数秒钟的等待之后，先生即开门相迎，唤着我的名字热情让座。融融电灯光下，他桌上总反扣着一本厚厚的书，而他倦倦的眼睛盯着我，神情还分明沉浸在那反扣于桌上的书本的情节之中。

已说不清多少次讨扰过潜心阅读的先生了，也说不清依赖先生解决过多少疑惑……其实刚刚从荒凉岁月里蹿出的我，更像个身体羸瘦的孩子，在惶惶不安中，尽管饥肠辘辘食欲旺盛，却难以尽数吸收那新鲜而珍贵的精神营养。换句话说，我对先生讲述的内容无法全部理解，因为先生在答疑解惑的过程中，常常会顺便讲述一些与问题相关的知识背景，以襄助拓展视野，加深印象。但客观上，这恰如我本想吃一盘土豆丝，先生却不无偏心地给土豆丝里加炒了肉末、木耳，而我的胃口无法消受此类佳肴——关于这一点，我一直没跟先生聊过，先生肯定至今还蒙在鼓里吧？但可以肯定的是，在一次次的见面与聆听之后，我对文学的兴趣日渐浓烈，跟先生的友谊也生根发芽茁壮成长了。

先生的居室非常简陋，一椅，一桌，一床，但简陋的床头和桌上，堆满了各种各样的书籍。多年之后，先生自己在他的随笔《我的阅读史》中写了这样一段文字：

我二十岁时在一所师范学校任教，该师范学校建于20世纪30年代，是一所老牌的师范学校。学校的图书馆藏有大量的图书，甚至有20世纪20年代国内出版的一些图书。我在这所师范学校任语文教员的两年时间中共从该图书馆借阅了三百多本书。这三百多本书我大部分都认真读过。这些书包括文学、哲学、历史等。这两年的阅读是奠基性的。在这两年的阅读中，我基本上完成了截止那个时候中国对外国文学翻译作品的阅读。

当时，我哪里能想到那些书籍对后来的先生的"奠基性"作用，我只看到一个客观的表象，即先生在那两年内戴上了近视眼镜。

除书籍之外，先生居室里最多的便是空酒瓶，那种八毛钱一斤的"绿豆"瓶或一元五一斤的"川曲"瓶，整齐地堆码在简陋的床铺下面，粗略估计不下四五十个吧，如久经沙场的将军废弃在兵库里的剑戟似的。凡熟悉存学先生的人都知道，他是非常喜欢喝酒的人，猜拳敏捷，应酒痛快。先生自己也会在许多娱乐性履历的"爱好"栏目中毫不隐讳地填写：喝酒。酒是最能帮助彰显个人性情的奇妙液体。喝酒到一定程度的先生，更回归了本能的率真与可爱，在我面前不再"师道尊严"，不再"道貌岸然"了，或会因一句话横刀立马替人代杯，或会为一杯酒耍赖争论面红耳赤，好恶毕显，尽相穷形。有一次先生来我工作的小城，饭桌上照例喝了几杯，然后叫我领他去探望本城一位年长作家。时令正值初冬，天气异常清冷，先生沿途很清醒，跟我行走在熙熙攘攘的街上，随心所欲聊了不少话题。我们走到中途，与行将探望的作家不期而遇。那作家挑着两筐垃圾，晃悠悠迎面而来，先生的眼睛一下子亮了，不由分说跨步上前，将担子抢到自己肩头，然后几乎强制性地拖拽着担子的真正主人往垃圾场走，步履僵硬而夸张，分明像个醉汉，边走边高声大嗓与作者寒暄，引得街巷的人不约而同行注目礼，无不发出会心而善意的笑声，先生对此浑然不觉，拖拽那作家在垃圾场倒空了两只竹篾大筐，又坚持肩挑担子，醉态潇洒地向作家的家里而去。

还有件事情也许好多人并不知道，即现在专力经营小说和小说评论的存学先生，创作之初热衷的文学体裁其实是诗歌。这方面我肯定算目击证人了——在前面那一次次请教问题的过程中，先生曾向我出示过他创作的厚厚的诗歌手稿，红格稿纸，三百字的那种，蓝色字迹，长短参差的诗行，整齐地装订在一起，足有七八十页。正是朦胧诗风头不减的时代，先生似乎讲过他对诗歌及中国诗坛的看法，讲过他截然不同的创作观点和心得，然而非常惭愧和遗憾的是，这些内容如今都被时光流水从记忆河床上冲刷殆尽了，包括那长短参差的诗句。

但无论如何，那是值得怀念的岁月，平淡而充满激情，艰苦却积极向上。两年时光转瞬即逝，毕业前夕，我曾邀先生合影留念——那张二寸黑白照，至今仍完好地保存在相集里；也曾给先生留过老家的通讯地址，然而毕业后好长一段时间，我们彼此并没通过一封信——在先生那边，大约肯定太忙碌了吧，而我这边，更多是怀着自卑的隐衷。是啊，步入社会的最初数年，我被安置到老家一所相当闭塞的学校工作，几乎与外界断了联系。1986年，我在自费订阅的《小说选刊》上，欣喜地看到先生的《迷茫的丛林》。该小说发表于1986年第1期《飞天》，随之被《小说选刊》转载。这对平庸生活中的我犹如一味兴奋剂，我不仅自己一遍又一遍阅读，一段接一段反复品味，而且夸耀性地推荐给许多同事欣赏。与此同时，从《小说选刊》的"作者简介"栏得知，先生已于几年前调离那所师范学校，去甘南某中学任教了。我产生过给先生写信的冲动，可仍是强烈的自卑心理作祟吧，最终并没让这念头变为现实。

多年之后，先生在《守望中的焦灼与平静——关于毓新的小说》一文里谈及我们之间的这段交往：

从20世纪80年代以来，我一直关注着毓新的创作。他开始发表小说是在上世纪90年代，但他进行文学创作是从上世纪80年代初开始的，那时，我和他同在定西地区所辖的一座师范学校里。他当时十七八岁，而我刚刚二十出头。我和他身份不同，但在创作上同为学步者，在习作上有所交流。他的文字之间透出的是陇中山乡特有的朴实的土地气息。两年后，我离开那所师范去了甘南，而他则在一年后毕业回到会宁当教员。十年后，我与他在省城再相见时，他依然是当年那种样子，依然朴实，依然不多说话。

除了师长的谦逊、平和和友爱，先生的字里行间更充满了兄长般的提携、扶持和激励。我很清楚，假如没有先生，我绝无可能在繁重的工作之余走文学创作的坎坷之路。并且我相信，在这条路上，荣幸地接受过先生援手的绝非我一个，尤其他后来当编辑的那些年，甘南籍作家李城就曾撰文说："张存学是我创作道路上的引领者和扶持者……仅此一点，就让我们有理由借着他的烛光勇敢前行。"

先生是 20 世纪 90 年代初从甘南草原调入了省城兰州从事编辑工作的。当然，我最初的好多稿件都被无情地"枪毙"了，但枪毙之后不是被扔进纸篓，而是通过邮局退给了我，退稿中总附有长短不等的信，除了无情地指出稿子的缺陷，便是有情的劝慰和鼓励，一如多年前批改我作业那般。在不断寄稿与退稿中，终于有了习作问世，继而终于有了《羊腥》发表。《羊腥》发表于 1997 年 8 期《飞天》，随即被同年 10 期《小说月报》选载，曾引起过小小的反响。多年之后，仍是在酣畅淋漓的酒桌上，先生向某文友透露，说《羊腥》在通过终审的时候，时任主编李云鹏先生按捺不住兴奋，曾拿着稿子找到存学先生办公室，了解《羊腥》作者的具体情况，叮咛以后重点培养云云。这些，先生始终没跟我提起过，大约是怕我骄傲自满吧。事实上，先生对我的要求很严格。他亲口给我说过，就因为我是他的授业弟子，他处理我稿子的时候自觉不自觉地提高了"准入"门槛。他曾提醒我把他退我的稿子修改后转投其他地方，而这些稿子果然大都在转投的杂志上发表了。

但是，也许正因为在编辑方面耗费心血太多，他自己那几年的创作似乎有所放缓了，直到他后来离开编辑部走上新岗位，又接连有新作面世了，而且是大部头的，《轻柔之手》《坚硬时光》《我不放过你》等长篇。本文无意对先生的创作说三道四，只想引用两段话表达某种心情，一段引自李兴阳《走出超验世界的边地先锋——20 世纪 90 年代以来中国西部先锋小说论》：张存学是"坚持先锋性探求时间最长、叙事风格最稳定也最成熟的甘肃作家，可视为西部 90 年代先锋小说的代表作家之一。张存学不仅倾心于叙事形式的实验，而且也注重生命存在意义的探索"。还有一段引自滕飞的《深渊上的舞蹈》："张存学在当代中国文学中具有十分独特的价值，这种独特并不来自题材或者技巧等方面的比较，而来自其内在的必然。张存学是一位有写作野心的作家，写作对于他不是一种行为，而是安顿自身生命的本真方式，在创作中他已'搭上了自己的性命'。他是一位真正把文学当一回事儿的作家，很少在文学的表层徘徊，并在作品中彰显了生命的力度。"

先生对先锋文学的探索执着而持久，其创作中的革新进取更有目共睹，与此同时，先生还写文学评论和散文，近年更写了不少精彩随笔，这些文章，更透彻地表达了先生对人生对文学的独到思考。其实除了喜欢喝酒，先生更喜欢陶醉在这样的思考当中，陶醉在熬人的"创作状态"里面，目光疲惫而传神，神情邈远而恬淡，正像多年前在陇中那所师范学校里沉浸在阅读深处一样。其实进入新世纪后，我跟先生见面还是不多，一年最多一两回，平日联系也依然很少，只偶尔发条手机短信，或在网络上看看对方的博客。可我们用心关注着对方，关注着对方的创作，我常为先生饱满的成就而骄傲，先生也会因我偶然间的小小进步而欣慰。我们的友谊称不起浓烈醇厚，但至少算得上诚挚隽永了。先生帮我，真心帮我——长篇小说《绿如蓝》从构思到创作，从初稿到定稿到最后出版，先生都倾注了最大的关注和鼓励，像他在编辑部对待我稿子那样。诗人牛庆国私下就无比感慨地说，存学先生是最真心帮我的人。我呢，更始终把先生当文学的恩师、人生的挚友，以感激之心敬仰和尊崇他。我们是师生更是兄弟，相聚了，伴一杯清茶，随便坐一坐聊一聊，尽管彼此都不再年轻，双眼里浸染了太多的生活烟云，尽管文学也不再挺健和吃香，可我们聊得最多的仍然是文学，聊到各自忙碌便匆匆握手，又融进茫茫人海里默默关注对方。

与先生谋面少，见证先生"酒酣胸胆尚开张"的机会更少，因为我本身是"不胜杯杓"的人，但我铭记着先生半醉状态的鼓励话："兄弟，加油！"我更铭记着先生清醒状态下对我几十年如一日的教导、培植和提携，我唯有尽最大努力把该做的事情做好，以慰先生。

# 园丁放歌

杜丽青

打开书页，
聆听你字字句句的讲解，
似进入柳暗花明的境界，
那唇齿间清晰的表述，
似清泉汩汩淌入干涸的心田，
让思维的导航，
穿梭于汲取知识的宝库里，
透析明了，概括翔实，
从一无所知到攻无不克。

执着笔尖，
洞悉你解惑的题库，
险象环生的挫折顿失，
巍峨高耸的屏障即消，
细致入微的衔接，步骤的有条不紊，
让我从题海战术的倦怠中苏醒，
攻坚克难，迎刃而解，
啃下了一座城堡的昂扬书山。

讲台是你不离不弃的阵地，
三尺见方，
记录你传道授业的争分夺秒；
粉笔是你紧攥指尖的银锄，
播撒着文明的知识春种，
当如筛般飘落的粉尘铺满讲台，
你脚底踏着如皑皑霜雪的银色，

这不是冰冻的凄冷，
是融化坚冰的笃定从容；
教鞭是你指向学子的指挥棒，
敲击出灵敏的思考，
突围着重点的专注；
黑板是你耕耘的田垄，
将一串串逻辑有序的文字，
编织成知识的风帆，
载着学子求知的思维，
逾越暗礁，摆渡学海无涯的彼岸。

从晨曦微露的黎明，
你的身影跋涉在教室与课堂的疏导间；
从日暮西沉的黄昏，
你的足迹辗转在功课与书本的批阅中；
那红红的对勾，沉沉的错叉，
凝聚着你多少智慧的学问。
橘黄的灯盏下，
你垂眉伏案，凝神冥思，
高大的身影不知送走多少繁星月影，
不知迎来多少日出春晖。
渊博与深奥是你一生无与伦比的标榜。

你把青春交给讲台，
你把知识输给桃李，
你把噪音留给课堂，
当沉甸甸的书本，
泛黄了岁月的青涩，
你饱蘸着多少风霜雪雨的苦口婆心，
铃声响起，
那是你吹响循循善诱的号角，
转向黑板，
那是你谆谆教导的骨节，

面向学生，
那是你呕心沥血的浇灌。

你用干涩的喉头，
迎接着书本的章节，
你用嘹亮的声带，
呼唤 45 分钟的高效，
从首页到尾页，
倾注着你多少潜心协力的精诚钻研，
从懵懂到领悟，
让一颗颗童稚的心，
在知识的问卷中上下求索，
不耻下问，锲而不舍，
似河蚌育珠代代传，
破茧成蝶翩翩飞。

从青丝到白发，
你的额角填满了岁月的年轮，
但知识让你韶华不减，
你依然奋战在教与学的第一线，
架起书海航向的千沟万壑，
擎起大漠书山的巍峨险峻。
甘做红烛泪始干，
愿为粉末耗肝胆。

老师啊！
你是粉尘里滚打出的英雄，
热血沸腾、教书育人，
书页有多厚，
你的粉笔就有多长，
你丰收了桃李，
老去了自己，
克己奉公，无怨无悔。

# 先生之风

左昌伦

一个人能够在学生时代遇到一位好老师，那是一种福气。

什么样的老师才称得上好老师，也许每个人心中都有一杆秤。但不管怎样，好老师肯定是具有爱心和教育智慧的老师，肯定是学养深厚的老师，肯定是具有人格魅力的老师。好老师不是所谓的蜡烛，燃尽自己，照亮他人，以一种自我牺牲、带着悲剧色彩的面目示人；好老师其实不仅在给予，同时也在收获，收获着教书育人的快乐，收获着师生精神生命共同成长的快乐。

学生时代，我读书并不多，但老师还不少。随着岁月的流逝，大多数老师的形象在我的记忆中已经变得模糊，有的甚至连姓什么也想不起来了。我不知道这是那些老师的悲哀，还是我这个学生的悲哀。不过，有两位老师我却始终难以忘怀，永远也不会忘怀：一位是江从皋先生，一位是胡厚烈先生。他们是我学生时代遇到的两位好老师。

胡厚烈先生是我小学时代的数学老师。他曾被错划为"右派"，恢复自由后被安排到我就读的乡村小学教数学。由于他的激励和引导，我对数学产生了浓厚的兴趣。尽管多年后靠文字谋生，这种兴趣也没有完全衰减。对于记忆中的胡厚烈先生，暂且按下不表，这里只说说江从皋先生。

江从皋先生系湖南人，大学毕业后在湖北从事师范教育工作几十年，可谓桃李遍天下。我有幸在十五六岁时成为先生的弟子，亲耳聆听先生的教诲，亲身沐浴先生的阳光雨露——尽管我没能长成芬芳的桃李，只不过是一片不起眼的叶子。

先生慈眉善目，和蔼可亲。在学生面前，他大多数时候是一副亲切的笑脸，就像弥勒佛一样可爱。课堂上，如果你回答不出比较难的问题，他会笑眯眯地望着你，等待你思考。只有当学生无故迟到或者不认真完成作业时，他才会一反常态，阴沉着脸，这对于调皮的学生来说自然是具有威慑力的。

先生身材魁梧，声音洪亮。坐在教室里听先生讲课，仿佛是在听男高音歌唱家的演唱会，完全是一种享受。我虽然从未听过先生唱歌，但我想，凭借如此好的天赋，先生的演唱一定会赢得满堂喝彩。

先生学识渊博，国学功底尤其深厚。他写得一手好字，不但工整秀美，而且速度极快，明眼人一看就知道是从小练过童子功。他对中国古代的经史子集了如指掌，讲起中国古代文学作品来，从来不看教材，不仅将课文倒背如流，背诵得抑扬顿挫，而且旁征博引，将许多生动有趣的文史知识、古汉语知识信手拈来。每次听先生讲中国古代文学作品，我都会在内心深处叹服，真可谓"高山仰止，景行行止，虽不能至，然心向往之"。

先生教艺精湛。他讲中国现当代作家的作品，从来不从开头讲到结尾，从来不架空分析、满堂灌输，而是善于抓住重点和难点去突破，把时间留给学生，让学生自己去读、去感悟和体会。当时我并不知道先生为什么这样做，直到我从事语文教育研究多年后才明白，先生是真正把握了汉语文章的特点和语文教育的规律的。

先生为人谦逊，处事低调。他没有官瘾，曾主动辞去官职，只是专注于学问。很多人也许不知道，先生除了对中国古代文学、普通话教学颇有研究外，还利用业余时间创作过多部历史小说和历史题材电视剧本，而且退休后仍笔耕不辍。几年前我曾在一家期刊上看到过他创作的历史小说，还在一家网站上看到过他创作的历史题材的电视剧本。剧本写的是历史人物吕不韦，剧本的故事相当精彩，令人遗憾的是直到他前年冬天去世前也没人愿意投资拍摄。

先生曾给予我诸多的关怀和帮助。我公开发表的第一首诗，曾请先生润色过，直到今天我还记得他修改过的两个句子。毕业分配时，先生见我比较爱好文学，极力推荐我到一家报社工作，只是后来阴差阳错没有去成。毕业三年后，先生又专程找我的工作单位领导联系，要将我调到母校去任教；当他听说组织上正考虑将我调到新的单位工作，为我的发展考虑，他又放弃了自己的想法。母校50周年校庆那天，我和同班同学一道去看望病中的先生。先生虽然行走不便，说话有些困难，但仍然耐心地询问同学们的工作和生活情况。与我交谈时，多年不见的先生竟然十分准确地指出了我的长处和短处，并鼓励我弥补短处，有所建树……师恩难忘啊！对于恩师的厚爱，我始终心存感激。

在《严先生祠堂记》中，范仲淹曾以"云山苍苍，江水泱泱，先生之风，山高水长"来赞美严子陵。把这些文字用在江从皋先生身上，我想也是恰当的。

# 琐　忆

钟树德

　　先生离我们远去已四年了，没能参加追悼会，我很愧疚。我作为不少同学眼里先生的得意门生，在又一个教师节来临之际，谨以此文怀念我敬仰的贺康明先生。

　　一直以来，总觉得老师身体硬朗，等混得好一点再去看他。可寒暑假回去，常常因琐事耽误。殊不知，斯人已逝，追悔无门。

　　先生刚从凉亭调到复兴，住在学校第一排的两间小平房，门前就是操场。秋天的傍晚，他喜欢一个人拿一把小椅子端坐在跑道旁边的小树下，注视着操场上蹦跑跳跃的学生。脸上挂着笑容，和善，慈祥，那目光仿佛慈母注视身旁嬉戏的儿女，很朴素，很真实。上学多年，我从没看到有老师这样平静又入神地欣赏操场上的学生。以后，先生时而还是凝望操场，出神，微笑。

　　20世纪90年代修建校门，当年的小树恐早已夭折，变成了化学元素回归了自然。树犹如此，人何以堪？当年树下坐着的老人也已驾鹤西去，没有留下任何遗物，只有永远封存在记忆中的那些琐碎片断。

　　先生很会养鸡，从选鸡蛋、孵小鸡、喂饲料到防鸡瘟，都有一套养鸡经。那些公鸡个个肥壮，整天昂首阔步、精神抖擞；母鸡文静悠闲、安分整洁，偶尔也到我们宿舍散散步。

　　当时懵懂无知的我只知道养鸡是为了充实闲暇时间，改善生活，其实更多的是改善了住宿同学的生活。凡是住宿男生，我想没有人没吃过先生蒸的鸡蛋羹，没有人没吃过先生煨的老母鸡。有段时间学校要整顿校园环境，禁止住户养鸡，于是先生家的鸡一只只都变成了师生的盘中佳肴。

　　工作后，有一次我们一行几人去看他老人家，有人试探着问："贺老师，过年过节的时候，家家户户热热闹闹，你感到孤独不？""有时有老师来坐一会儿，真觉得寂寞的时候就跟镜中的自己喝杯酒，也就不孤独了，这叫'举杯邀明月，对影成三人'。"

现在我算明白了，先生原来是把鸡当人来养的啊！鸡鸣增添了不少生气，热闹了那两间小瓦房，也伴随先生度过了许多寂寞冷清的午后黄昏、节日夜晚！

天热的时候，先生常常为大家烧好一桶茶水，用干净布巾盖上，旁边放着一个干净茶碗，给口渴的同学喝。时间长了，其他班级同学有时也去宿舍舀碗凉茶解渴。周末时，时常会炖上一大锅白木耳，让每个住校生都喝上一碗。

有一个周六的晚上，我回了一趟家，回到宿舍已万家灯火。刚进门，先生把我叫进他房间，当时心里直打鼓：该不会是犯什么事了吧？先生端出满满一碗白木耳，我推辞了一番，先生劝我"大方一点，不要像女孩子一样不好意思哒"。本已吃过晚饭的我只能在他慈善目光的监督下，喝下大半碗，后来一个晚自习跑了好几趟厕所。

观察到我家庭条件不太好，有好几次先生神秘地把我叫到他的卧房，轻声问我缺不缺钱用，我总回答钱够用。他怕我有顾虑："这不算个什么，考上大学参加工作后再还给我。"我考上大学后，先生买了一块崭新的上海牌手表送给我。我坚辞不受，僵持了很久，先生才略感失望地包起来。先生一生节俭，从不浪费，说不定这块表以后奖给某位品学兼优的学弟了。

跟我们谈话时，他总是喜欢用"这不算个什么"的口语，尤其是喜欢带一个"哒"的语气词，那话语中有规劝，很亲切，轻松自然，听着听着心里的疙瘩就没有了。一时间，先生那特有的语气和用词，成了他老人家的名片，以致不少同学私下里竞相模仿，模仿得惟妙惟肖的大有人在，很多同学至今学起来还有当年的韵味。

先生爱听评书，我们也喜欢。有两年，几乎每天中午，先生坐在屋里吃午饭，怕我们不好意思，特意把收音机放在窗台上，窗前就围着一群手捧饭碗专心听书的学生。评书结束，午饭吃完，学生散开去洗碗，先生才把收音机拿进屋里。

整理先生遗物时，发现他把一生的经验总结成文，透辟入微地剖析了学困生的成因。其中"三三"奖励原则，细致明确，是他几十年如一日的行动指南。其核心就是"激励"，注重过程，生生平等，不唯分数论。这凝聚了他多少年的思考和研究啊！现在想来，一次次面带微笑的凝望，一个个孤灯夜晚的沉思，先生是在思考教育，在研究学生，在提炼方法。在20世纪80年代的乡村中学，有多少老师课余闲暇不是想着过好个人的小日子？相形之下，先生是真正用心用情在做教育这一泽被子孙的大事。

先生的大智慧、大胸怀、大境界，时人很少能理解，以致我多年以后去看望他，觉得自己很俗气，有时不敢靠得太近，生怕他锐利的目光要揪出我楚楚衣冠下藏着的"小"来。

有时候想，先生这辈子幸福吗？

先生一生孑然一身，身边没有一个知冷知热的爱人，没有承欢膝下的儿女。"文化大革命"期间，怕牵累爱人毅然斩断情丝终身不娶，他用一生坚守那份凄美的爱情，不免让人扼腕叹息。想必，失意的时候，寂寞的夜晚，先生一定梦到过爱人甜美的笑靥和娉婷的倩影。

先生的工资收入并不丰厚，还经常拿出相当一部分奖励学生、资助学生。学校分给他的套房他让给年轻老师，两间小瓦房，一住二十几年，暴雨大雪，经常漏雨。从物质享受上看，在某些人眼里无疑像个苦行僧。

然而，先生浓浓的鸡蛋羹滋养了我们的身体，先生的无私关怀滋润了我们的心田，先生的品格更哺育了一届又一届学子的灵魂。追悼会上，他的历届学生数百人，鞠躬长跪，他们又何尝不是先生的子嗣儿女？如果泉下有知，先生又何尝不是教师中最幸福的一个呢？

如果，如果有来世，我想对先生说：老师，我还做你的学生。

斯人已逝，师魂永存，愿先生在天之灵安息！

# 金老师：我永远的老师

刘永和

十年前金老师退休，两年后我也退休，时间过得就是这么快，而我对金老师的思念和感激漫漫悠长。

我在四所学校教过书，从村小（河北小学）到乡村中学（永宁中学），从县中（江浦县中）到市直属高中（南京市中华中学），经历了"全层次"学校教育。我教了十九年中学语文，带过八届高三，当过五年班主任，经历了教育和教学的全方位洗礼。我当过十四年学校中层，五年校长、十一年所长、两年书记，经历了教育管理的各个阶段。我评过县先进、市青优、市学带、市先进、省特级，经历了各种教育评比。我主持过省规划课题，发表了百余篇论文，写过一本专著，也是所谓"网络名人"。然而，白天或晚上，经意或不经意，每每想到自己，就会想到金老师：我是不是已经"成了你"？

我生在农村，长在农村。南京市江浦县大桥乡河北村祠堂组，远有老山横亘，近有滁河阻隔，是地地道道的穷乡僻壤。没有学校，拆除了地主的祠堂，变成小学，自带课桌凳，变成了教室，几个读过几年书的人，成为老师。于是，农民有了寄托，孩子有了去处，究竟教育教学质量如何，无人问津，有书读就不错了。有一天，突然从市里来了一个金本钺老师，让学生眼睛一亮：这个老师确实与众不同。

首先是好奇，这个老师与众不同。金老师穿着周周正正，他衣着笔挺地站在讲台上，两手扶着桌子，有一种气宇轩昂的感觉，像个老师，或者老师就应该是这样的。我们研究了很久，以为城里人生来就是这样。现在想来，就是人们说的抬头挺胸、收腹提臀的标准站姿。金老师说话非常好听，干净利落，干干脆脆，与我们家乡土话比，显得非常洋气，于是，我们纷纷学习，有些音学了很久才有点像。等我到南师大读中文系时，才知道金老师说的是南京话，不是普通话，只是南京话靠近普通话，也属于北方方言。金老师每天早上锻炼身体，沿着村里的河堤跑一个来回，大约两公里，再打一套说不出名字的拳，直到汗流浃背。当时，知识青年上山下乡，有个别知青打架闹事，其中有一个号称"小和尚"的经常欺负胆小的农民，有一次说要打到河北村，乡亲们吓坏了，纷纷躲在家里，金老师说："别怕他，看他敢来闹事！我年轻时学过打拳，专门研究打一拳让他贴三块膏药！"果然，"小和尚"没敢来。总之，金老师的一言一行，一举一动，真的与大家不同，给这个小乡村带来一股清新的风。

　　然后是喜欢，这个老师可亲可近。金老师整天面带笑容，和蔼可亲，没有一丁点儿城里老师的架子，他喜欢与农民交谈，经常和学生家长拉家常，而且，从不告状，这一点与其他老师不一样。于是，我们有意无意亲近他，晚上经常聚集在学校，陪着老师批改作业，后来知道这叫"面批"。特别是考试之后，我们知道老师吃过晚饭就批改试卷，放学后就回家吵着要吃饭，吃完就会来到学校，围着老师看他批改。他一边改一边评价，做对了就说"好！""很好！""某某真聪明！"，做错了，就说"哎呀！""糟糕！""太可惜了！"，好像是他做错了一样，而扣分那是一定的。金老师是城里来的老师，一家子都来到乡下学校，开始的时候，附近的学生家长经常送一些蔬菜给他们家，后来他就在学校附近找了一块地自己种菜。我们就回家问家长："这季节适合种什么菜？"然后把种子或者菜秧子带给老师，放学后就帮着金老师种菜。看着各种蔬菜一天天长大，我们也非常高兴，比自己家种菜还要高兴。或者是城里的人靠近了一些农村，或者是农村人靠近了一些城市，反正，金老师成了文明的使者。

　　再后来是钦佩，这个老师就是我人生的导师。金老师在河北村是一个"万事通"，好像什么事情他都会做，特别是许多农村人不会做的事情他也会做。在农村，大人下地干活，孩子看家做饭，家家如此。可是，孩子会经常把钥匙丢了，于是，就会被家长痛揍一顿，因为要花钱买新锁。没有想到，金老师居然会修锁，会配钥匙。磨去锁下面的漆，发现有一排铅封的圆孔，再做一个钢锥，把铅封挖出来，于是每个孔两个长短不一的弹子掉下来，锁芯就可以取出来了。然后根据第一个弹子的长度锉钥匙模子的齿，让钥匙齿高加上弹子长度正好与锁芯的孔平齐，锁芯就能转动，否则，长度不够，第二个弹子就会卡住锁芯，锁就打不开了。因此，我们都学会了修锁，也不会挨捧了。胶鞋在农村最为适用，但是，价钱较贵，一般一家有一双胶鞋，干活谁最需要谁穿，如果破了，当然舍不得扔掉，缝补之后还会漏水。金老师从城里买来自行车内胎、胶水、铁锉，我们开始跟他学补胶鞋，真的很神奇，居然一点不漏水！我读三年级的时候，县里为了根治血吸虫病，全县开展"江滩灭螺"，工程浩大，难度不小，特别是大家穿的胶鞋经常被黏土粘住，脚一使劲胶鞋就被撕裂。于是，金老师和另一个老师，带着我们二十几个三年级小学生前往修补胶鞋。一辆板车拉着我们的被子、锅碗、柴米油盐，金老师拉着车，我跟在后面走。因为我们太小，走走停停，从早上一直走到天黑，才走到江边，于是埋锅造饭。尽管饭还有点夹生，也只有烧青菜，但是我们吃得非常香，也许是因为太饿了，中午只吃了一点自带的饼。晚上睡在农家的地上，垫上一些稻草，铺上自己的被子，半边垫半边盖，一觉到天亮。一大早乘船过夹江，上了江滩，就在呼呼的北风里，我们为一批又一批农民修补好胶鞋，听着他们的赞扬声，我们一个个十分高兴，竟然忘记了寒冷。用现在的说法，这叫作"社会实践"，或曰"综合实践活动课程"，金老师在20世纪60年代就是课程改革专家了。

1972年，我参加了一次闭卷中考，因为以前没有这样考试，以后也不这样考试。后来听说是邓小平主政，教育"回潮"，全县举行统一闭卷考试，决定升入高中。我数学99分，语文72分，是河北学校（给小学加上初中，叫作"戴帽子"）第一名，但是，人人都收到了录取通知书，唯独没有我的，说因为我家成分不好，没有录取。看着别人一个一个兴高采烈地拿着通知书回家，我非常失落，非常沮丧，回家不吃不喝，睡了一天一夜。后来听说，金老师、李老师、余老师为我写了一份"推荐信"，到生产队的地里，脱了鞋袜，下到水田里，请社员们一个一个按手印，推荐我读高中。我非常感动，但是也担心，那时候"唯成分论"，这会有用吗？一周以后，金老师把录取通知书送到了我的家里。我获得了继续读书的机会，因而我也非常珍惜，比别人更加勤奋刻苦。生命中的"重要的人"已经不能说明金老师对于我的重要，他就是我生命里的贵人，或者是救命恩人。

后来，我读高中的时候，金老师也调到高里中学，继续关心我的学习，跟我一道打乒乓球，我成了大桥乡中学生乒乓球冠军。我师范毕业分在永宁中学，金老师也调到了永宁中学，他手把手教我，于是，我进步很快，第三年我就当了教导处主任。我调到县中的时候，金老师调回城里的第六中学，我进城参加教研活动总是要去看看他，记住他跟我讲的几句话。我当南京市教科所所长的时候，金老师是六中教科室主任，我们又一道做教育科研，他为我提供了许许多多的案例。金老师评上特级教师以后，我也积极努力，终于在 2008 年评上特级教师，因为不在语文教学岗位上，评语文特级教师很难。我似乎就是在亦步亦趋，跟着金老师走。从小到老，从农村到城市，从一个农村土孩子到一名特级教师，金老师是我的引路人。

　　金老师退休以后还在一所民办学校教书，在为南京教育做着贡献。我退休以后怎么做，我还想听听金老师的意见——因为，他是我永远的老师！

# 神奇的眼光

张康

回忆起我的学生时代，阳勇老师的形象立刻在我的脑海中浮现。他是我入读小学四年级时的语文老师兼班主任。

那次活动课上，阳勇老师站在教室中央哽咽地说："同学们！老师在这座山村支教已达七年。本学期结束后老师将要离开这里。希望同学们以后一定要刻苦读书，成为有用之人。"

教室中断断续续地传出我们的啜泣声，泪水从我们纯真的眼睛里涌出。我们这群留守山村的学生，渴望认识更多的文字，渴望学习更多的文化知识，我们需要阳老师。

阳老师默默地站在窗边，眺望连绵不断的山峦。他擦拭了眼角的泪水，大步跨到讲台上，神秘地说："离学期结束还有两个多月，你们不要悲伤。老师在离开之前，向你们透露一个秘密。"

我们渐渐收住了啜泣，止住了泪水，目不转睛地盯着阳老师的嘴唇。每次阳老师讲到妙处，我们都竖起耳朵倾听他的讲解。

"我的眼光很奇准。用村里话说，就是我眼光很好，不会看错人。"阳老师索性将陈旧的木门掩上，扫视了我们一眼继续说："老师和你们朝夕相处，对你们十分了解。我认为我们班的同学中有很多会成为未来的国家栋梁和社会人才。"

阳老师这么一说，我们就更加迫切想听了。大家屏气凝神，教室里顿时安静了下来。

阳老师从讲义下面抽出一个小册子，他翻开第一页开始念起：

"黄月同学活泼开朗，能歌善舞。以后多学多练，很有可能成为电视明星。"阳老师稍作停顿。我们不约而同地将羡慕的目光投射到坐在第一排的黄月身上。黄月是我们班的文娱委员，歌唱得好听，人也漂亮。

"李龙同学体格标准，在体育活动方面颇有天赋。且思想积极，勇敢坚毅。以后勤加锻炼，一定能在体育运动方面取得成绩。"阳老师念到了黄月的同桌李龙，他在我们村小学的运动会上多次拿到长跑、短跑、跳高、跳远的冠军。我们羡慕的目光又转移到李龙弹跳有力的双腿上去了。

阳老师继续往下念：

"许芳蓉同学擅长画卡通画和简笔画，以后有可能成为一名画家。"

"张海星同学字迹工整，风格独特，以后有可能成为一名书法家。"

"罗大新同学，爱剪纸，手工制作精美，以后有可能成为一名民间艺人。"

"赵州同学，尊敬师长，团结同学，具有强烈的团队意识。"

"古花同学，诚实守信，拾金不昧，多次拾到钱物主动上交。"

"朱可文同学，劳动积极……"

阳老师按照座位顺序一一点评，被点评过的同学似乎一下子腰身挺直了。每一个同学都在阳老师神奇的"眼光"下发光发亮，惹得我们钦佩不已。班上成绩最差的同学，或者总爱调皮捣蛋的同学都被阳老师"发掘"到耀眼的闪光点。

我当时个头最高，坐在最后。眼看着就要轮到阳老师"预测未来的我"，我的心中像挂了一面鼓，鼓点密密匝匝地响起来。我的学习成绩一直跟不上，兴趣和爱好都可以用一个"玩"字总结。上课举手回答问题不积极，义务劳动不勤快。自从读二年级时父母出门打工后更不爱和班上的同学交流。我实在想不出阳老师能把我预测成未来的什么。

阳老师叫到了我的名字，继续说："张康同学，性格内敛，但为人直爽，凡事不斤斤计较。最近的作文有了很大的进步。要多与人交流，多看多写，以后有可能成为一名作家。"

"作家？"同学们发出一阵惊叹，或许大家对于阳老师给我的"预测"并不满意。阳老师让大家安静下来，响亮地说道："我把张康同学上次写的作文念给你们听听——爸爸妈妈你们快回来吧！奶奶想你们，我想你们，大黄狗也想你们。大黄狗和我在每天放学的傍晚都倚靠在篱笆院外可怜地守望着……"

阳老师念完我的作文，教室里又静了下来。我知道，同学们和我一样都十分想念在千里之外务工的亲人。

阳老师最后补充说："我们目前最重要的是学好知识，提高学习成绩。这是做任何事情、从事任何事业的重要基础。"

当时，我们那一群大山里的孩子，对阳老师的话深信不疑。阳老师的话就像一粒种子正在我们各自的心灵上萌芽。后来的闲暇时间里，阳老师总是在教室里跟我们讨论各自如何实现自己的梦想。他懂音律，会书法，能绘画，博古论今，自然科学信手拈来，我们的疑惑都可以在他的口中找到答案。

我们都对自己充满了自信，因为我们相信阳老师神奇的眼光不会看错人。有了那神奇眼光的肯定，我们气势高涨，如同争先恐后的赛马在广阔的草原上驰骋。到了学期结束的时候，我们班的考试综合成绩名列第一。在劳动、卫生、纪律等各方面的评比也是第一。

现在，我们当年的那班同学早已各奔东西。我们早已经理解阳老师当年的用意，他启迪了我们那群山里孩子的梦想，放大了我们各自身上的闪光点，使得我们能够保持一颗勇敢向上的心。

可以想象，我这个患有先天性眼疾、吐字不清的人从哪里获得一股重生般的自信敢提笔写作？每当我遨游书海，看到眼花缭乱的各种书籍时，顿时觉得自己如蜗牛蠕动在漫漫无边的作家之路上，似乎注定实现不了遥遥无期的梦想。这时，阳老师当年的"眼光的论述"就像一条皮鞭不断抽打着我的脊梁，给我带来悬梁刺股的效应。

于是，我学着鲁迅先生，默默地点燃一支烟，继续写着世人觉得世俗浅薄的文字来。我的窗外，一轮红日正从山头升起。

# 哦，高老头

朝颜

　　屈指算来，高老头已作古三年。但是他留给我的温暖记忆，如一盏不灭的灯火，一直在我的生命中熠熠发亮。

　　高老头是我初中时的政治老师。刚踏进初中的大门，上的第一堂课便是政治。我们安静地坐在教室里，翘首以待即将揭开神秘面纱的政治老师。谁承想，铃声刚过，一个年近花甲、头发斑白、身材高大的老头一堵墙似的立在了教室门口。"完了完了"，大家满满的期待一下子倍受打击，当即像泄了气的皮球那样瘪了下去。那个年纪的孩子，都喜欢俊男靓女当自己的老师，看到老头老太太，心里先就有了几分排斥，当然，我也没有例外。高老头似乎没有察觉到这些，他拿着讲义，稳稳地"降落"在讲台上，自我介绍开来："我姓高……"同学们轰的一声笑起来，长得这么高，居然又姓了高。一个胆大的嘟囔了句："原来是高老头！"从那天起，大家当面都恭恭敬敬地叫他高老师，私底下却以"高老头"称之。

　　高老头喜欢给我们讲大道理，更喜欢的还是让我们背政治题，什么"一个中心，两个基本点"之类的，必得让我们背到滚瓜烂熟才罢休。一次他上课，当堂抽检背诵情况，叫了好几个人起来都背不出，顿时火冒三丈。其时，坐在窗户边的我正在入神地看着窗外的一头牛。高老头见了，更是气不打一处来，他指着我的鼻子："你，站起来背一下。"他大概料定我不会背，本是想拿我开刀，杀鸡儆猴。谁知我一站起来，呼啦啦连个结都没打就一长串地背了出来。高老头转怒为喜，慷慨激昂地夸了我一通，要大家向我学习。也许就是从那时起，高老头认定我孺子可教，对我特别关心起来了吧。

　　那时候我住校，每周日下午背着米袋和一罐腌菜返校，就是一周的口粮。我家里穷，不能像一些同学那样花钱到食堂里打菜，每天只能端着一搪瓷缸硬邦邦的炖米饭回寝室就腌菜吃。高老头不是我们的班主任，但不知怎么了解到了我的情况。有一回，我背着米和菜返校时，被高老头叫住，他翻开我的布袋，看了看我带的菜——一罐没有任何佐料的芋头丝。他看着我，意味深长地说了句："吃得苦中苦，方为人上人。"其实他不知道，那天我带的菜，是上初中以来最好的菜，我心里还暗暗揣着高兴，自以为不那么丢人呢。这以后，高老头经常吩咐我放学后到他办公室里去，有时是整理作业，有时是帮着批改试卷。我心里惦记着该吃饭了，又不敢违逆老师的旨意，只好老老实实地做事。等我做得差不多了，高老头像变戏法似的端进来一大钵饭菜，全是我平时难得吃到的肉、蛋和豆腐之类。"瞧瞧你这瘦瘦的样子，快吃，长身体的时候，要多吃才好。"我想推脱，说我回寝室吃吧，高老头瞪圆了眼睛，不容我分辩："都打好了，给我吃掉！"我于是大口大口地吃起来，高老头便回归了慈祥和蔼的样子，眯缝着眼睛怜爱地看着我，就像看着自己家的小孙女。我从小没见过爷爷，有时候，我感觉他就是我的爷爷，但是我生性木讷，嘴巴子撬不开，竟连句感谢的话都没有说过。如今想来，心中有万分的痛悔。

初三那年，我鬼使神差地迷上了养蚕。我从村里的小伙伴那里要得了一些蚕卵，看着它们孵化成小蚕，便精心地侍弄起来。在农村中学，每年中考前气氛都是极度紧张的，老师们恨不能把所有知识一下子塞满我们的脑瓜子，为的就是学校里多考出几个"吃皇粮"的。我成绩尚好，被列为种子选手。可惜我心智幼稚，意识不到决定命运的时候就要来了，还像往常一样没有一点紧迫感。下了课，我就从抽屉里搬出我的蚕宝宝，忘我地摆弄着，有时上课也免不了要偷看几眼。最过分的是，有一回上早读，我为了跑回村里摘桑叶，居然逃了课。这还了得！班主任大为震怒，好在我死活不说逃课的理由，要不然他肯定要把我的蚕搜出来摔个稀巴烂。但是高老头知道我养了蚕，他看过我摆弄纸盒子，还开玩笑说要卖给他，一元一条。当时我红着脸一言不发，生怕他没收了去，幸亏他很快走开了。随之而来的月考，我的成绩可想而知地下滑了，班主任、语文老师、数学老师、英语老师……大凡中考必考科目的老师都轮番来教训我，给我讲考出去对人生有多么重要。

这时，正好有一个同学央求我把蚕卖给他。他说他妹妹想养蚕想疯了，到处都找不到，要我行行好，还给开了高价。起先我不肯，求了三次，我终于答应了，千叮咛万嘱咐地要他转告妹妹好好养着。他得了蚕，兴高采烈地抱走了。那以后，我隔三差五就问他蚕现在怎么样了，他总是回说养得好好的呢，一条都没有死，我便放心了。没有了蚕，再加上老师的严格要求，我开始全身心地投入紧张的复习中。我学习底子还好，成绩又一次次节节攀升。高老头每次给我发试卷的时候，都笑眯眯的，眼睛里满是期待的神色。

那年暑假，我以优异的成绩被师范录取，算是离"吃皇粮"仅一步之遥了。我是全村第一个考出去的孩子，父亲快意非常，专门请来厨师在家里办了几桌谢师宴。那天中午，夏季的烈日也收敛了炽热，变得无比温柔，我家门前的几棵冬青芽树摇曳着，送来凉爽的轻风。高老头也来了，他喝得满面通红。临别时，高老头把我叫到他身边，摊开手掌，亮出十多个银光闪闪的蚕茧。蚕——买蚕的同学——茧……我一下子全都明白了。

哦，高老头！我真想扑到他怀里大哭一场，可是却没有勇气。那十几个蚕茧，在夏日里泛着铮亮的光芒。直到今天，仍没有消散。

# 岁月如歌，师恩难忘

钟愧傲

人生有两大幸运，一是有疼爱自己的父母，二是人生中能遇到最好的仁师，我是幸运的。

在成长中一次善意的呵护、一次细微的关怀，往往会使脆弱的人生获取意想不到的惊喜与成功，在我的生命中就有过许多如此的感动，得到过师恩的浸润，享受到荡涤灵魂的洗礼。其中有位对我影响极大的仁师，他就是我的启蒙老师钟放新，他用一种大爱送我走上完美的人生大道，尽管岁月悠悠，世事沧桑，但他所给予我的一切，至今还久久萦绕在心，谆谆师爱，浓浓恩情，令人终生难忘。

有次大雪封山，遮盖了通往学校的所有山路，而我们的小学就建在那一座小山上，那时刚读一年级的我没有呼朋引伴，而是独自一人在深雪里翻腾，跌倒了又爬起来，滚几滚又继续，身上满是伤痕，甚至有点鼻青脸肿，费了九牛二虎之力才走到学校。每天都到得最早的钟老师看到我，首先是惊讶，紧接着二话不说就将我抱在怀中，想用自己的体温暖和我，看看不济事，又马上生火为我驱寒，待我浑身烤暖和之后，加之又见再没有学生来，他就决定背我回家。我伏在他宽阔的背上，看着老师头上的些许银丝在北风中隐约飘动，感觉老师有点苍老，更显得艰辛，当时我天真地说："老师，等我长大了，也要像您一样当老师。"老师听了，将我紧紧抱在怀里，我分明看见一道幸福之泪在他的面颊上悄悄流淌，多年后我才明白，这可能是当老师的能听到的人世间最令人心动的话语。

生活中总是有许多惊人的巧合，钟放新老师教我一年级后，中途被调走了，后来我顺利进入初中，钟老师竟又成了我的班主任。他本是小学的语文老师，当时中学正缺少他这样的教书能手，于是被破格选调到中学，机缘巧合的是，他又继续担任我的语文老师，这可谓是上天恩赐给我的一种缘分。

我的成绩总是名列前茅，一度成为学校重点呵护的对象，同学们更是对我奉若明星。在学校，我感觉自己简直就是天之骄子，很多时候自己便没有了底线，没有了做人的约束，不但十分放任，还变得有点狂傲。更糟糕的是，这时我暗暗喜欢上了一个女孩，她是我的同桌，名叫小妍，一个特别文静漂亮的女孩，她的英语在全校顶呱呱的。这件事使我的心思一度偏离了学习，特别是到了临近毕业之时，学习自然就开始退步。其实钟老师对此早有耳闻，不过他一次也没有让我难堪。他关注着我的变化，早就想找我谈心，希望我认真处理好与同学的关系，好让我专心学习，可惜一直没有机会，也没有找到合适的解决问题的方法。

那天，正是钟老师上语文课，我又将小差开到了小妍身上，眼睛不停地向她瞟去，老师所讲的精彩之处一点也没有听进去，我还蠢蠢地写下心语，准备向小妍表白我对她的爱慕。刚准备将纸条交给她时，钟老师悄然来到我的身旁，一把将纸条夺过去，脸上一时晴转多云，写满了不快与愤怒，当时我也是满脸通红，不知将迎来一场怎样的暴风骤雨。

钟老师拿着我写的纸条，先抑制住自己的情绪，然后才慢慢踱到黑板前面，脸色也随之缓和，我知道自己可能会遭受到人生一场最大的羞辱，唯一后悔的是可能会伤害到心爱的小妍。正当我暗自焦急、不知如何是好之时，耳畔传来了钟老师平和的声音："我们班的愧傲真了不起，他的学习精神真令人钦佩，他觉得自己的英语成绩不理想，想向英语成绩较好的小妍同学请教，这可是令老师刮目相看的事情。如此努力追求上进，我也为之感到骄傲，希望同学们都向他学习，要是大家都像他那样，何愁成绩不会提高，何愁中考不会大获全胜？"

钟老师说过之后，教室里立即响起了热烈的掌声，但我却脸红了，同学们并不知我心里的所想，此时我的心里却是万分的感动，不住地在心里说着："谢谢老师！谢谢老师！我知道以后怎么做了，一定不会辜负您的殷切期望。"我站起来向大家鞠了一躬，才慢慢坐下去，心里异常激动。老师维护了一个少年的尊严，我知道以后该怎样做了，要是再一意孤行不让老师省心，就真正对不起老师的良苦用心了。这次事件让我觉醒了，我决定重新调整自己的学习状态，如此才真正对得起老师对我的期待。

事后的发展，没有什么奇迹，通过这件事，我曾经被放逐的心灵得到了收拢，脱缰的野马也得以走上正轨，并很快将全部心思集中在学习上。响鼓不用重敲，何况我也是比较懂事明理的孩子，当然这种种变化无不源自恩师的关爱。此后由于我转变快，努力到位，在中考的角逐中，我不负众望夺得全区总分第一名，被师范院校录取，最终成为一位光荣的人民教师，与我最尊敬的钟老师共同奋战在教育岗位上。

很多同事因教师职业的清贫对这份职业心怀不满，纷纷转行，虽然也有许多机会可以改行到其他部门，但是我却始终不改对这一职业的初衷。我认为人生幸福的方式有多种，能与充满活力的孩子日日相随，能将自己的思想随时传播，并影响他们的终生，在育人成功中收获幸福与快乐，在辛劳付出中感受壮美的人生，这比任何金钱与荣誉要宝贵得多、充实得多、幸福得多。我爱教育事业，我会一如既往无怨无悔地为教育事业奉献我的终生。

一个人的成长离不开他人的重要影响，街头路尾，碰到恩师，我总会热情地与钟老师打招呼，从他那儿继续吸取精神的动力。我们彼此温馨地一笑，既是对往事的一种心照不宣，也是对师生情谊意味深长的一种宣告。岁月悠悠，往事历历，我总在内心告诫自己：钟老师是我人生最好的仁师，他永远是我的恩师，我永远尊敬他。

# 高厚明先生

周荣池

一

我很小的时候就知道高厚明这个名字，他在村子里简直就是一个传说。

父亲总是喝得醉醺醺地朝我嚷嚷："你要是能像高厚明一样有本事，老子就是拆屋卖瓦也要供你念书。"先生出身贫寒，且身世也颇有些传奇的意味。说是一年夏天，村里请了一帮外村的女人来栽秧，吃住在高家，其中的一个姑娘就留在高家过日子了。贫困的年代里这样的故事并没有什么浪漫可言，只不过是"高邮人不要刁，一块馒头搭块糕"的无奈。及至高厚明出生以后，那女人又离开了这个贫困的家，留下父子二人相依为命。后家里又遭火灾，本来家徒四壁的屋子荡然无存，贫困的日子更是雪上加霜。但无论如何，先生的父亲都坚持供他读书。为了维持生计，他的父亲便在春节期间去"跑年"——也就是去讨乞。我的父亲和他一起去跑过，但是没有能够坚持，而他的父亲为了供儿子读书无奈坚持。据说高先生自己也去，他拉得一手好二胡，站在别人家的门口讨一把口粮，这种悲怆的情景虽没有见过，听来想想也心酸至极。

因此，从读书开始，高厚明这个名字就成为我人生记忆中一个具有特殊意义的符号。我的上学之路当然也是很艰难的，为了十五块钱的学费父亲扯着嗓子在教室门口和老师争辩，让我真是颜面无存。老师们虽然是本村人，但是也都是一边教书一边务农的民办教师，他们微薄的收入也没有办法帮助那么些贫困的孩子。后来上初中，学费增加了，每次都要卖掉家里的谷子供我交学费。但是，父亲一直没有放弃让我读书，在他的心里也有高厚明这么一个人，激励着他一定要把自己的儿子培养成才，不能让咱们周家永远"捧牛屁股"过"面朝黄土背朝天"的日子。

# 二

时运不济，中考那年我没有如愿考上免费的师范学校，只能选择读高中或者辍学。村子里辍学的孩子也不少，其中不乏家庭条件好的孩子，可是父亲还是东挪西借凑齐了一千块钱的赞助费让我去读高中。而且一定是要去高厚明先生工作的临泽中学。我坐着拖拉机颠簸着到了学校。别人送行的都是汽车，但一辆拖拉机也总算把我和我的梦想运到了这所学校。父亲还带了一壶香油想要送给高厚明先生，可是路上实在是颠簸，油壶盖颠掉，菜油沾满了那床破旧的棉花胎，那个尴尬的场景就像是我尴尬的人生一样，令人无可奈何。

终于见到了"传说"中的先生——他个子不高，一身朴素的衣着，脸上挂着的笑容也是朴素的。他留父亲吃了午饭，还准备了一点酒。父亲离开学校的时候，大声地对他说："孩子就交给你了，不听话就打，惯儿不惯学。"——他总是这么粗鲁，声音里都似乎带着粗鲁的酒气。

先生教政治，热心研究马克思主义，学生中有"高克思"之称，就连爱女也起了"燕妮"的名字，可见其痴迷。他的"抄写"读书法，虽然辛苦但是效果很明显。据他介绍，他考上政治系之前将政治书抄写过不下十遍，所有内容了如指掌。他上课的时候根本不用打开教材，所有内容熟稔于心，娓娓道来。他学习上的勤奋给了我极大的感染，那时候早读课时间很早，寒冬腊月里他总是第一个坐在教室前面开始备课。学生们一个个地在他之后进入教室，很是感到愧疚。因此，向来以懒散著称的文科班，在他的带领下早读是没有人迟到的。

他上课语言极其幽默，有一次讲经济学知识的课，讲到资本家的时候，他突然捏着嗓子叫道："我有钱上买天，下买地，中间买空气的啦……"其滑稽的表情令全班大笑不止，大家便记住了剥削剩余价值的资本家嘴脸。他上课内容翔实，绝无虚言。尤其是他自主"研发设计"的"地毯式轰炸"练习题，令人喘不过气来，久之我们便训练有素，大受裨益。他注重点滴的积累，从不夸夸其谈。教室前面的墙壁上设计了一块园地，他每天在上面写一句励志名言，从不间断，高考期间则是每天将收集到的报刊上的招考资讯剪贴在上面供大家参考。那一年，他的头发突然白了很多，为了我们文科班，他真是费尽心思，甚至让师娘辞职在家照顾生活，孩子的学

82

习也顾不上，教学楼里只要灯亮着就一定有他忙碌的身影。

他对我也极为严厉，并不因为是乡党就姑息纵容。一次我弄坏了教室的门锁，却坚决不肯承认错误，并顶撞他几句，气得他电话请父亲来学校面谈。那天中午，他请我们爷儿俩在他家吃饭，父亲便交代我无论如何得听先生的教导，并告诉我世上有"三不羞"：一是父母打骂不羞，二是岳丈打骂不羞，三是先生打骂不羞。父亲又说到当年与他父亲一起"跑年"的艰辛，我们三个人都泪流满面。我知道先生对我之严厉，无非是切身明白自己经历之苦痛，希望我能靠自己的努力成长。

我们那一届文科班虽然异常辛苦，但因为团结而内心温暖。一次学校拔河比赛，因为裁判不公，大家都很有情绪。高厚明先生当然看不惯这种情形，亲自担任拉拉队长上阵加油。一局下来小胜，他竟然情不自禁地叫了起来："文科班必胜！"全班同学一阵欢呼，老师虽然言辞不当，但是那种拼搏团结的精神感动得大家热泪盈眶。赛后进班，大家沉默不语，作为语文课代表，我走上黑板在高考倒计时牌子上写下这么一句话：这个时候，我们什么也不要辩驳，我们要相信，是金子总是会发光的。先生见了此话很是欣慰，把我叫到办公室对我表示感谢。其实，要说感谢的是我，我切实地感受到了一个书生意气的老师内心无比的坚强，这种坚强也许让那些头脑聪明的干部们觉得不可理喻，但是作为孩子我们深深地记下了他坚定的品质，后来我慢慢明白，这个比任何德育活动都能激励一个人成长。

我们班上的同学大多来自农村，生活费经常是青黄不接。他在班上设了规矩，班费可以作为全班同学的小银行，为临时有困难的学生提供帮助。实在吃饭困难还可以向他借生活费，先生从来不曾吝啬。师娘也曾抱怨有些学生忘记还款，他总是淡淡一笑：都是因为困难，没有谁恶意拖欠的。那年会考结束，我从考场出来，他便红着眼睛告诉我，我的母亲病重卧床已久，他一直不想影响我的考试而隐瞒情况，让我现在火速回家。回到家中，母亲已病入膏肓，父亲身无分文，他了解情况之后带头捐款，并在班级动员募捐，还找到校长为我减免学费。拿着大家的捐赠，我几度热泪盈眶。后来母亲在大家的帮助之下战胜病魔，他还亲自带了营养品去看望。

# 三

　　高考那年填志愿的时候，我一口气将所有的志愿都填上了师范院校中文系。我拿到高校录取通知书的那天，他正好外出学习回来，在路边就迫不及待地让我打开信封，看到我的通知书他很兴奋，露出宽慰的笑容，这种笑容好像他自己当年从村庄里走出去一样。拿到通知书回家的那个傍晚，父亲坐在门前喝酒，听说我考上了师范本科，重重地把装酒的碗蹾在桌上，兴奋地叫了起来："我家终于有了个教书先生了！"

　　大学毕业以后，我选择了回母校任教。其时，先生已经调离学校。我从工作的第一天起就下定决心做一个正气、勤奋的教师。当班上的孩子叛逆出走的时候，我会陪着家长在寒冬的深夜里去网吧寻找；当有学生生病的时候，我会陪着他去医院，并垫上医药费；当学生静静地休息的时候，我会幸福地给他们关好房门……做这些我心中总是感到一种幸福，就好像是报答了自己的老师多年前对自己的关爱一样。

　　及至后来，我离开了讲台，但是先生的精神一直在我前进的行囊里。这是我终身的财富，有了这一点，工作多么辛苦都是幸福的、温暖的。

# 教师节里念恩师

施漫

秋风徐徐吹过发梢，秋收过后的农田满目的萧条，重新踏上回家的路，举目瞭望路的尽头，早已没有了儿时的印迹，泥泞的小路变成了宽阔的马路，曾经弱不禁风的小树，在岁月的洗礼中早已变成了郁郁葱葱的参天大树。

车子颠簸着拐进一条没有修过的农村小路，两边的庄稼早已秋收入库，剩下的只有多余的秸秆等待时间让它们变废为宝。一路打听，车子终于在一座长满荒草的坟茔前停了下来。打开车门，墓碑中间三个大字映入了我模糊的眼帘，字迹早已被岁月磨去了棱角，拂去日积月累的灰尘，老师的名字清晰地显露了出来。我用手抚摸这熟悉的名字，泪水顺着脸颊流进嘴角，苦涩略带着咸味。蹲下身用颤抖的手擦亮一根火柴，燃起一堆黄纸，端起来一杯酒，轻轻地洒向坟前，轻声告诉老师："又一个教师节来临了，学生来看您了！"一片黄纸被风吹起，火苗燃得更加旺盛，透过飘忽的火苗，我好像看到老师静静地躺在棺椁中，是那样的安详……

走进告别了三十多年的校园，低矮的瓦房早已变成了二层小楼。站在楼前，追随着儿时的回忆，老师的影子再一次浮现在了我的脑海里。踏进初二的教室，一个高大伟岸的中年老师站在讲台上，他慈祥不失威严，我伸伸舌头赶快坐在了座位上。铛铛铛……一阵清脆的上课铃声响了起来，老师扫了一眼讲台下的同学们，转身在黑板上写下了三个苍劲有力的大字"李秋云"，从那时起，这个帅气英俊的老师伴着我度过了最难忘的初中生涯，也成为我人生路上的航标。

我从小数学成绩就不好，对别的同学来说很简单的数学题，在我面前就变得深不可测。什么一辆车前行，另一辆车追赶，什么时候能追到？两艘轮船相向而行，什么时候能相遇等等。这些问题对我来说不亚于外星空的宇宙让我无法探究明白。我特别羡慕班里数学成绩好的同学，时不时会有一种自卑感涌上心头。也许是老天为我关闭了一扇窗，又从另一面为我开了一扇门，对文字的敏感和热爱让我从小就体会到了她的魅力，李老师恰恰是我的语文老师。每次上作文课，他站在讲台上，用浑厚的男中音朗读我的范文，一字一句都饱含深情，一篇《奶奶》让课堂上一片抽泣声，浓浓的亲情传遍了教室的每个角落，更感染了所有的同学。老师的鼓励，文字的魅力，让我拾起了自信，每次走过学校的作文专栏，我都会不由自主地多看几眼，风儿刮起来薄薄的几张稿纸，哗啦啦的声音分外悦耳。老师始终都未用语言鼓励过我，而总是用默默关注的办法激励我无法停笔。成年以后我在文学方面虽说没有太高造诣，但活跃的文学细胞常让我自己陶醉其中，每次敲击键盘，看着一串串文字在屏幕上跳动，我都会看到老师鼓励的眼神，会看到他抱着作文本登上讲台的模样，那一幕一直定格在我的脑海里无法抹去。

农村的冬天来得特别早。这一天，下了晚自习走出校园，天地一片漆黑，伸手不见五指。站在校门口望着回家的冷冷清清的小路，孤独、害怕的感觉一瞬间涌上了我这个小女生的心头。回家的二里多路在我眼中变得是那样漫长，家对我来说远在天涯。马路两旁的白杨树叶哗啦啦的响声，更增添了我的恐惧，树叶又像是拍着小手，在嘲笑我的懦弱。一道光亮划过我的眼前，李老师不知道何时已经站在了我的面前，他关切地问我："怎么就你一个人？"我带着哭腔回答道："任课老师下课晚了，同学们都走了。"老师示意我跟着他走，我害怕极了，黑灯瞎火的，他会把我带到哪里去？我不敢做声，默默地跟着他来到了办公室，他搬来了一个板凳让我坐下就出门了。不知道过了多久，老师推着一辆不知道从哪里来的破自行车回来了。破旧的自行车除了铃铛不响，好像每个焊接口都会说话一样。我坐在车的后座上，听老师关切地问起我的学习情况，鼓励我多和同学们交流，遇到不会的问题问老师。

他给我讲了一个故事，是一个发生在他身边最真实的故事。他家姊妹多，父亲在外工作经常不在家，就母亲一个人操持家里大大小小的事情，等到他们兄弟长大需要成家的时候，他家还是三间破草房，一件衣服姊妹几个轮换着穿。贫穷的生活没有击垮他们兄弟的意志，有点多余的钱都会去县城买书回来，大家轮着看，书翻看到最后都凌乱得散了骨架。老师感触最深的是他三弟。他父母为了不让三弟成为光棍汉，凑了点钱让他去四川领个媳妇，那一年正好赶上恢复高考，他三弟用父母节衣缩食给他娶媳妇的钱买了一辆破自行车，每天带几个凉馒头去几十里以外的乡里当旁听生，进不了教室就站在窗户外边听老师讲课，毒辣辣的太阳光照射着大地，汗水湿透了他的衣衫，他擦一把额头的汗继续听。他这股子学习精神感动了老师，特许他坐在教室最后的角落里跟着同学们听课。三弟坚持了几个月，高考成绩下来，他以优异的成绩考上了北京大学，大学毕业去了德国留学深造。老师告诉我，"世上无难事，只怕有心人"，树立一个远大的目标，努力去做，无论结果怎么样，将来都不会后悔。老师讲起他弟弟的故事滔滔不绝，从他身上看不到平时的严肃，好像换了一个人。听着他朗朗的笑声，我才知道老师原来这么可爱可亲。没有了拘束感，我也打开了话匣子，谈起我的家庭，说到了自己当时所处的环境，在生父母和养父母之间徘徊，说到了养母的眼泪和心酸。老师语重心长地说："养母情大于生母情，在这样的情况下，要懂得抉择，不要等到两边父母都心凉了，你将成为一个没有人疼爱的孩子。"老师的一席话解开了我心中长久的困惑，老师说得很平淡，但是却让我避免了人生遗憾，也让我知道了站在人生的十字路口，要果断分清是非。

到了村口后，老师返回时的影子淹没在了无边的夜色里，我站立了很久，暗下决心，如果有机会我也会做一名像他这样的老师。老师当时的行为看似很平常很普通，但是对一个弱小的孩子来说，却让我心里感到了温暖。这份温暖更影响了我的一生和今后的工作。受老师的影响和熏陶，我成为了一名人民教师。我送走了一批又一批的学子，把李老师的精神一代一代地传承了下去。但是对老师的感恩却永远地深深地埋藏在了心底。

岁月就这样日月交替地进行着，离开学校几十载了。从知道老师因病去世的消息开始，我就无法释放内心的悲伤。每一个教师节，我都会躲开亲人的目光，把自己关在房间里，打开电脑，用文字表达对老师的怀念。年轻的时候，每年的教师节，都悲伤得不能自制，会放声哭出来，会任由泪水洒满心间。我一度扪心自问，老师在世时并没有特别关注我，我为何会有这样的情结？走到暮年以后，我才真正明白，老师做的事情平平淡淡，可他无言的行动里却渗透了慈父一般的情怀。他，故去了，肉体涌入了凡尘，灵魂却活在了学生的心里。

老师，又是一个教师节来临了，拖着疲惫的身躯敲出想念你的文字，你在天堂可否有知？老师，我最钦佩的人，在第三十个教师节来临之际，学生深深地怀念你！

# 天使雅荷

黄阔登

在我少年时代的记忆影像中，有一个笑容总是那样美丽清晰。那盈盈的笑容，满蕴着暖暖的温柔，像清风荷叶那样，恬静，让人回味。

她，就是我的语文老师兼班主任秦雅荷。老师爱笑，一笑起来，腮边就露出一对甜甜的酒窝。

初二上学期，秦老师开始教我们班。

秦老师年轻漂亮，夏天喜欢穿着粉红色的裙子，身材高挑，长而黑亮的头发，像瀑布一样闪光。那段时间，我们班的同学连走路都是雄赳赳、气昂昂的。秦老师可是我们学校最漂亮的老师呢！

关于我们的这番自豪，其实是另有原因的。我们班是"五班"，全校鼎鼎大名的差班，是块烫手的山芋，谁都不愿意接手。头顶"五班"等于"差班"的大石头，常常让我们自卑，压得我们喘不过气来，最后，大家都说破罐子破摔吧，看到底能摔多破。谁能想到学校最年轻漂亮的秦老师会主动要求到我们班来呢？既然来了，我们总算有了自豪的理由：我们的老师比你们的好看！

当然，没有因为美丽的秦老师的初来乍到，我们就认真听课了，照样我行我素。那天，记得是上古文课，我感到"之乎者也"的没啥意思，觉得无聊，就从书包里掏出连环画，放在膝盖上偷偷看起来。很快，秦老师讲课的声音开始缥缈起来，精彩的连环画让我完全忘了身在课堂，慢慢地，自己成了连环画中英勇的解放军战士，冲上山头……

不知什么时候，秦老师已从讲台上走了下来，停在我面前。等我发现，手中的连环画已来不及收藏。"完了，还没有看完呢，又要被撕掉了……"我心想。对这事，我是有经验的，每次上课偷看别的书，被老师发现了，总难逃被撕书的下场。

秦老师从我手中拿过连环画。同学们都朝这边望，有的幸灾乐祸地笑，有的"同情"（惦记着那本连环画呢，我答应借给他们看）地看着我，让我浑身长芒，很不自在。

真出乎所有人的意料。书没被撕，而且我连句批评都没"得"到。秦老师倒是嫣然一笑，作起自我批评来："嗯，我讲的课不够精彩哟，所以有的同学就自己换频道了，看来我得努力哦……"下面一阵大笑，连窘迫不安的我也禁不住笑出声来。本来紧张的气氛一下子轻松起来。秦老师接着上课时，我瞄了一下四周，发现另外几个偷看课外书的"捣蛋鬼"也收敛起来，开始认真听课。

秦老师给我的"惩罚"：用一周的时间，把没看完的连环画故事情节根据自己的想象写出来，如果写得不好，连环画就算没收了。

那本连环画的确很精彩，打仗的，我最爱看。生怕再也看不到那本连环画，我挖空心思一鼓作气写了好几个故事交了上去。

结果，秦老师在课堂上表扬我的故事写得好，说我有"当作家的潜力"，不但将那本破旧的连环画还给我，还奖励了一套崭新的《春秋人物故事》连环画，让我欣喜若狂。读了那些古人的故事，再上古文课时，文中的人物居然变得活灵活现，我不再感到枯燥乏味，而是越学越有味道。我甚至自己找了一些古文来学，不懂的地方就请教秦老师。秦老师为此很是高兴。

秦老师似乎是得到某种启发，买了一些连环画，都化一为二，让我们先看上半截，然后根据想象写出后面的故事，谁写得最好，就把连环画奖励给谁。记得最调皮、最不爱写作文的"牛尾巴"（一个男生的绰号）也认认真真写起故事来。有一次，他还真的得了两本连环画，高兴得接连几天从家里搬来大西瓜庆祝。

那年，我们班两篇作文参加县教育局举办的征文比赛，破天荒得了二等奖！以前，我们学校参加这类比赛，最高奖也不过是个三等奖。

那天，校长亲自把奖状送到班上来，还说了许多鼓励的话，教室里一阵欢腾，掌声雷动。荣誉，有努力才会有荣誉，我们若有所悟。

"春雨润物细无声"，秦老师就是以这种春风化雨的方式，让这群调皮蛋的心慢慢回归到课堂上来，从而认识到努力学习的重要性。

秦老师还常说，不要害怕遇到困难，困难专找胆小鬼，你进它退、你退它进。秦老师是这样说的，也是带着我们这样做的。

有一次，有几个同学闹着要退学，说要结伴到广东打工。原来，这几位同学的父母有病，家里很困难，没心思上学了。

那天快下课时，秦老师给我们讲了一个故事：一天，一位老师带着一群孩子到野外郊游，途中经过一段废弃的铁轨。精力充沛的孩子们把铁轨当作独木桥，来回走动以此取乐。但每个孩子没走几步，就失去平衡而掉下来。当孩子们气馁时，老师把他们叫到身边，微笑着说："同学们，老师小时候也走过铁轨，知道一个不会掉下来的诀窍，你们想不想知道呢？"孩子们来了兴趣，急切地嚷嚷着想知道老师的诀窍。老师请出两个孩子来到平行的铁轨边，各自踏上一条铁轨，让他俩手拉着手，身体稍稍向外倾斜着，靠对方的拉力保持平衡。孩子们发现，他们能够毫不费力地在铁轨上走起来，平稳极了，一直走到铁轨的尽头都没有掉下来。

老师说："瞧！只要我们手牵手，就可以轻松克服困难，许多事情也因此变得简单。相互帮助是很重要的方法，如果人人都只顾自己，人生之路便容易摔跟头。为了能够走得更远，向你的伙伴伸出手吧，不要犹豫，因为这只手会为彼此提供保护和支持！"

秦老师讲完故事，对我们说："现在，有几位同学家里有困难，想要退学。难道你们舍得让朝夕相处的同学放弃学业，远离故乡去挣钱吗？不能！来，就像故事中说的一样，向你的伙伴伸出手吧！"

秦老师不是让我们回家伸手向父母要钱，她知道我们的家境并不比那几位同学强多少。周末，她带着我们到公园、电影院门口捡饮料瓶、塑料袋。刚开始，我们见人来人往，都不好意思弯腰去捡那些东西，可看到漂亮秀气的秦老师不卑不亢地捡得那么认真，我们怎么能躲躲藏藏怕丢脸呢。刚开始，别人还用异样的眼光看着我们，后来，大概是打听到什么，好多人主动把喝完的饮料瓶递给我们。

不久，秦老师还打听到县上的制药厂要收购野菊花、车前草等等，又多了一个想法。我们学校后面是一座很大的山，野花野草多得很，于是，每天下午放学后，她又带着我们到山上去挖野菊花、车前草、麦冬草……

大家的努力没有白费，不但为那几位同学攒够了学费，还给班里办了一个"图书角"，买了不少杂志书刊，惹得别班的同学好生羡慕。只是让我们心疼的是，本来肤色白皙的秦老师，黝黑了许多，手臂上还生出好多疹子……

"'五班'等于'差班'"的说法，在秦老师的手里，终于消失了。

后来，我们才知道秦老师居然是县上一个领导的独生女儿。现在，想想当年这个"千金小姐"带着我们捡饮料瓶、挖草药的情形，更让人感慨万千、唏嘘不已。

当年"五班"的同学，如今有的成了老总、有的成了"海归"，还出了一个在全国都很有名气的主持人，我这个曾经"著名"的调皮鬼，也因为爱好写作，入伍后走上了新闻宣传的岗位。作家柳青在《创业史》中有句名言，"人生的路虽然漫长，但关键处却只有几步"。我相信，我们已走过的关键的那几步，秦老师领着我们，真的走好了，走正了，所以，我们走得更远了……

如今，"五班"的同学分散在天南海北的各个城市。当我们有空联系时，总会说起秦老师，似乎那段难忘的日子从未远离。

在这里，我代表我们老"五班"的同学，为您——永远最美的秦老师，献上最衷心的感激：您是飞越我们生命的圣洁天使，您的笑，是最温暖的力量，带着我们的灵魂飞向远方，飞向梦想……

# 雪天的怀念

汪习清

　　北风，卷着鹅毛大雪，纷纷扬扬地下个不停；天气，寒冷刺骨，呼出一口气，白花花的一绺烟，立刻就变成冰雾。我夹着书本走进教室，扫一眼学生，一个个都紧紧裹着风帽，缩着脑袋，尽管如此，那一双双小手和一张张圆胖胖的脸蛋儿，仍然冻得如同胡萝卜那样，娇滴滴的、亮红红的。"老师，好冷！我奶奶叫我今天别上学，我才不听呢，我偷了书包，一路小跑，来到了学校。"一名男生双手合十，放在嘴上，一面呵着温气一面说。"老师，您看，操场上有那么多柴，我们拿些到教室来，烧火取暖，可不可以？"一名女生像是哀求似的说。

　　从窗台望出去，操场边的厨房一侧，一堆堆劈柴，一捆捆灌木柴，占据了操场角落。看着眼前冷得发抖的学生，望着操场上满是干枯的柴火，我的视线慢慢地模糊了——顷刻，一副和蔼善良的母亲形象，在我眼前升腾起来。这面容，是那么慈祥，是那么熟悉……天寒地冻，雪花纷飞，每年这个季节，我总会有这种感觉——雪天的怀念，怀念我的老师，我的慈母般的启蒙老师。

　　幼年的记忆总是那么清晰，就是我眼下的这所学校，一个秋季开学了。操场一侧，摆放着一张长长的桌子，桌子后面坐着一位女老师，穿着蓝色满大襟布扣上衣；乌黑的头发披散到双肩上，一边一个黑发夹，将浓浓的黑发锁在耳根后面；白皙的脸庞上，一双明媚的大眼睛特别有神，笑起来，嘴角边还挂着一个小酒窝。她，就是我的启蒙老师——熊佑坤老师。这天，是新学期新生报名的日子，桌子前面报名的新生排着长长的队伍，我也是其中的一个。

　　我清楚地记得，那天轮到我时，熊老师先是伸出指头让我从 1 数到 10，我应付自如。熊老师点了点头，接着说："真聪明啊，你叫什么名字？"我说："叫汪习清。""真乖，"熊老师说，"好的，知道你姓什么吗？"

我愣了愣，心想："姓"是什么东西啊？这老师怎么问个没完没了的。于是，我对着熊老师，以一个放牛娃的野性，突然来个一字一顿地大吼："我叫汪！习！清！"我这突如其来一声大叫，把熊老师惊得从椅子上跳了起来。片刻，熊老师又坐在椅子上，笑容可掬地说："老师是问你姓什么，不是问你叫什么，知道吗？你姓汪嘛，对不对？"当时是我母亲送我报名的，母亲把我拉到一边，说："这下算坏了，老师不会收你了。"母亲的话还没说完，熊老师绕过桌子走到我面前，说："好啦，过关啦，下午到学校来定座位。别忘了，要带个书包。"熊老师好客气，下午我不要母亲送了，开始自己上学。

我在熊老师教的班上读了三年书，说熊老师犹如慈母一般对待学生确实不为过。炎天暑热的夏日，熊老师每天要帮我们分上午下午洗两次脸；那个篾篓外壳热水瓶时常提到教室里，哪个要喝水，她立刻倒上满满一杯，一面吹着热气，一面喂着你；中午午睡，她把枕头和垫单拿到讲桌上，陪我们一起睡，从没间断，天天如此；活动课，她会把我们带到半里地头的一个大河沙滩里，在那棵浓荫蔽日、凉风习习的歪脖子红柳下，堆沙，挖沙。让我记忆犹新的是，不知怎么搞的，全班学生都不叫熊老师为"老师"，而是都叫她"妈"。你喊一声"妈"，她答应的声音特别响亮，尾音拖得老长老长的，脸庞笑成了一朵花。至于晚上做梦，总是和熊老师在一起玩耍，或是听她课堂上的教诲。

熊老师的教学，一直是以形象思维法进行教学。语文课上，如教"山"字，她在旁边画一座"山"；教"田"字，她在旁边画一块"田"。回想起来，我真佩服她，不知她哪来那么多心窍儿，每教一个生字，为了让学生记住，除了画画外，要么编一个谜语，要么编一段顺口溜。这样，学生对这个生字的记忆可谓刻骨铭心。数学课上，记得熊老师教我们认识数字"8"，她说"8"就是你母亲系猪的绳子上的"猪转臼儿"，真形象，至今我没忘记熊老师的这些通俗浅显的比喻。三年后，我们离开了熊老师，她又回头去带一年级的课了，但我们仍然在一个学校，每当看到我们，她总会微笑着向我们打招呼，我们虽然进入了高年级，也会甜甜地喊她一声"熊老师"，她会笑盈盈地"嗯"一声，然后站在一侧点着头，用充满幸福的目光，送着我们远去……

后来，我们仍在原地读中学，随着年龄和知识的慢慢增长，也慢慢知道了熊老师的人生，有着一般人难以承受的巨大痛苦。熊老师出生于1922

年，籍贯罗田县大河岸汪家嘴村。1947年毕业于湖北省第二高级中学，同年考入汉口法学院，1948年转入中华大学。这年，她与当时国民政府湖北省教育厅供职的丈夫结婚。1949年武汉解放，丈夫乘飞机去了台湾，怀有身孕的熊老师留在了大陆。1951年从事教育事业。"三反五反"，"文化大革命"，大陆的政治运动一波接着一波，熊老师因有"海外关系"，被打成"里通外国的汉奸特务分子"，为了不连累别人，她默默地忍受了极大的痛苦——终生不再嫁人。她守着丈夫遗留的女儿，走过了漫长的人生之路。

那时，我常常听人说，熊老师身在台湾的丈夫，多次写信，寻找熊老师和女儿的音讯。当时大陆和台湾没有实现"三通"，信件是由台湾到香港，由香港转非洲好望角，再邮大陆的。熊老师每次接到信件后，不能也不敢擅自拆开信件，必须交给学校中是党员的领导，每次交过信件后，回过头来，她总会抱着女儿偷偷地痛哭一场。即使这样，熊老师仍然逃不脱担当每次政治运动"活靶子"的命运。唉，真不知道那时的天，怎么如此之黑？

这样的苦难境遇，熊老师一直熬到1980年退休。此后，她一直生活在女儿那边，我再也没有见到她，心里却一直不能忘怀，尤其是雪花飞舞、天寒地冻的季节，怀念之情更为浓烈。在那"宁要社会主义的草，不要资本主义的苗"的年代，乡村人的家里穷得揭不开锅，我们读书的学生都是穿着破烂而单薄的衣服，每逢雪天，教室里的学生冷啊，打着寒战，一个个如同筛糠，手冻成了发粑，脚像是踏在冰块上。此时，我们的熊老师总会叫我们把课桌搬到一侧，中间的凳子围一个圆圈，她再怀揣一抱劈柴走进教室，一会儿，一堆熊熊大火，让我们从头到脚乃至心窝，都流淌着一团团暖暖的温情……

一绺雪花从窗外袭来，撞在额角上，"倏"的一声，将我深深的记忆撞醒了。回过头来，看着教室里冷得发抖的学生，望着操场边一堆一堆的柴火，我却无能为力。因为教室是楼房，顶层是封闭式的，无从烧火，但我也会独辟蹊径——运动产生热嘛，让学生顿脚搓手。一会儿，教室里噼噼啪啪，热气腾腾，寒冷驱散了，温暖充斥周身……啊，时间流逝得真快，转瞬几十年了，熊老师带着她六十年的亲情思念，带着她三十年的桃李生涯，静静地离开了人世。我思念她，怀念她，因为她为我树立起的是一尊永远难以逾越、永远难以消逝的精神楷模……

94

# 野菊花

张文锋

　　"走过一地黄泥巴，地上一朵野菊花，枝头花儿正开放，旁边又在添新芽，野菊花啊野菊花，哪儿才是你的家？随波逐流轻摇曳，我的家在天之涯……"这就是野菊花，淡定而从容地开放在山野之间，把淡雅的香味洒满人间。在大山深处随处可见的是野菊花，没有人知道你家在何方，只要有泥土的地方，你都能生根开花，哪里都是你的家，漫山遍野都是你的兄弟姐妹。

　　那年我调到大山深处的一所乡村小学任教。学校在一个小山岗上，品字形的建筑结构，两排低矮的教室南北方向遥相呼应，上方朝东的土坡上是一排破旧的教师办公室。土坡下是一个斑驳的戏台，戏台两侧分别栽着几棵高大的塔松，苍翠挺拔，给偌大的校园增添了一丝丝的生机和绿意。戏台的前方伫立着一根旗杆，简易的升旗台四周栽着五棵被修剪成球状的女贞子树，据说那是校长的手艺，一面鲜艳的五星红旗在山村的上空猎猎招展。

　　校长是一个干瘦的老头，秃顶，每天穿着一件洗得发白的灰布中山装，胸前的衣兜上并排别着两支钢笔，饱经风霜的脸上时常露出憨厚与慈祥的微笑，让人一看就知道是个精明能干的人。教师办公室门前是一条长长的走廊，通往后操场的一口水井。水井是有些年代了，古老的井栏布满了青苔，每天我们都要到这里取水。水井四周是废弃的教室，由于改建了新教室，这些 20 世纪 50、60 年代的旧教室只留下了一片断壁残垣，有的被教师们开辟成了菜地，有的杂草丛生。我惊奇地发现在废墟之中长满了大片的野菊花，在秋风中摇曳着。一朵朵，一簇簇，一丛丛，尽情地开放，无拘无束、灿烂而辉煌。那盛开的花儿，金黄金黄的，密密匝匝，重重叠叠，不时散发出一阵阵淡雅的清香。

于是，在这所山村小学开始了我新的生活。学校安排我担任一、二年级的数学教学工作，村小教师紧缺，所以什么课都得上，工作量可想而知。有人说乡村教师是万金油，的确如此，乡村教师们除了上好语文数学，还要承担其他学科的教学。我虽说参加工作也有三年了，可一直从事的是小学高年级语文学科的教学。当我走进一年级教室的时候，整个课堂是闹哄哄的，对维持纪律我束手无策，大半个月才勉强适应。可是我面对的是一双双天真无邪的眼睛，强烈的责任感促使我上好每一堂课。接着教育局的开学检查来到我们学校，照例是要听课的，在我们学校我是唯一的年轻人，首当其冲成为了检查组的目标。记得那堂课我讲的是数字10的组合，教学内容很简单，其实学前班就学过这些数字。我使出浑身解数，从课堂氛围到教学方法，我觉得做得面面俱到了，一节课下来自我感觉良好。课后领导们评价我说这堂课的教学进度安排不合理，开学才两周一本书都讲了一大半；课堂上教师缺乏新意和激情，没有充分调动孩子们的积极性云云。一盆冷水浇灭了我当时的万丈豪情，一时间我的心情颓废到了极点。那天傍晚，我落寞地坐在旁边长满野菊花的矮墙上，不知什么时候老校长来到我的身边，拍着我的肩膀，意味深长地说："教书要上心，我们面对的不仅仅是工作，更是一份责任。你看这些野菊花，历经春寒酷暑，为的是把清香留在人间。虽然默默无闻，但对人有价值，这就是活着的意义。"我默默地咀嚼着老校长的这番话，若有所悟。

　　听课事件之后的好长一段日子，老校长只要有空就跟我蹲班，手把手教我备课、上课，与我探讨交流教学得失。老校长常说："教学有法，但无定法，我们教师应该在平时的教学中积累丰富的教学经验，经过长时间的尝试和探索，形成自己独立的教学风格。在教与学的环节之中，还要注重发挥学生的主体作用，让孩子们在潜移默化中获取知识。"在老校长的引领下，教学上我取得了突飞猛进的变化，所任教的班级的教学质量有了非常大的提高。第三年老校长还把我提升为学校的教导主任，给了我一个展示自我的舞台。

　　在乡村任教的那些日子，远离了城市的喧嚣，摒弃了尘世的烦恼，与山水田园相依，与烂漫学子相伴。在乡村，守着清贫，守着甘苦，与千万同行们一起守护着这方净土，给孩子们撑起爱的蓝天。我教孩子们读书、写作，精心备课，致力让每一堂课精彩纷呈。每天这样忙碌着、收获着、感动着，乐此不疲。每天清晨，聆听着鸟儿清脆的鸣叫，孩子们的书声琅琅，伴随着泥土气息的扑鼻清香，田野、群山、绿水、村居的唇齿相依，似有世外桃源之感。这如诗的画卷，使人惬意无比，"采菊东篱下，悠然见南山"，这似乎就是人生所追求的充满雅致与乐趣的生活吧。

　　每当夕阳西沉的时候，百鸟归林，校园一片静谧。我喜欢一个人踏着黄昏的残迹，爬上学校旁边的小山丘，凝望着远方的群山，苍茫中，内心会有一丝丝的感慨，觉得大地的胸怀是多么的宽广。在浩渺的宇宙中，人的生命正如那满山的野菊花，虽然微不足道，但是却有着如此可贵的精神。活着要珍惜，珍惜生命中的每一分钟，为大众做点什么，这便是人活着的意义吧。

　　远离家乡亲人，身在山村工作也颇有情趣，这里的村民很淳朴，他们不像城里的家长那样溺爱孩子，但他们对老师却怀有一种由衷的感激之情，把我们当作亲人一般看待，嘘寒问暖。老校长在学校当地有极高的威信，因为这里的村民们素来有尊师重教的传统。有时家长们还会拉上我们到他们家吃上一顿饭，烧上几道好菜，拿出自酿的米酒，主人的脸上漾满了憨厚的笑容，为你敬酒，为你夹菜，让你感受到浓浓的情意。这种情愫，每每想来，心都是暖暖的。此时，内心便油然而生一种神圣之感，教师职业是最神圣的，是天底下最光辉最崇高的职业，因为我们肩负的不仅仅是一份工作，更是一份责任，尤其是在时代曲折变化如此丰富的今天。

　　后来的日子里，由于工作出色，我被调到了中心校，离开了老校长，开始了新的征途。在中心校的舞台上，领导提供了一个更广阔的舞台让我展示自我，我在三尺讲台上辛勤耕耘，实现着我的人生价值。每当老校长到中心校开会办事，总会抽时间来看望我，勉励我，还不忘听我一节课，点评我教学中的得失。在我的心目中老校长既是一名长者、一名良师，更是一生中的挚交。他正如那开满山野的野菊花，扎根山区，本色地活着，淡然地活着，一辈子默默地坚守着自己的信念。

　　教师节来临，我还会收到大山里的孩子们通过山民送来的一束束野菊花，那一束束金黄金黄的野菊花像是孩子们的一张张灿烂的笑脸。孩子们还用稚嫩的小手写来了信，孩子们说：老师，野菊花又开了，在这每个教师都心仪的日子里，我们祝您节日快乐！此时我觉得这就是做一名教师最大的幸福。

如今，扎根乡村教育数十载的老校长退休了，回到了家乡的小山村，继续发挥余热，兼做村小的课外辅导员，做村里的义务调解员，尽其所能地关心着家乡的公益事业。在我的记忆深处，却总有着幽幽的清香气味缠绕在心头，脑海里总会浮现一幅画面：金黄金黄的野菊花开满山野，淡淡的香味在山村弥漫，吸引着一群又一群的蜂蝶，一位微微佝偻着身子的老人，站在烂漫的菊花丛中……

# 抱愧王荣

    王荣是我上大一时的现代文学史老师。甫进师大，听闻了许多有关文学院的传说，大家都说大学是何等自由，何等奔放，听得人心潮澎湃涌、双目放光。于是我对尚未见面的老师们也就有了一番形象上的设想——男老师莫不是长发诗意地扭结着，或是长髯如苏东坡般的飘飞着，要么就是像钱钟书一样西装布鞋的混搭，也许还会摇着一把类似周瑜用的羽扇，说不定还穿着青布长袍，要是加上黑布马褂就最妙了。

    终于等到军训结束，要揭开老师们的面纱了。上了几门课，约摸知道自己的想象是完全落空了。那天第一次上现代文学史课，见到授课的老师穿一件深色夹克，足蹬一双锃亮的皮鞋，知道这便是王荣老师了。也没有三头六臂，也不见另类造型，反倒像极了重点中学高三年级的班主任，40多岁，中等个儿，稍胖身材，看上去那样和和气气却又带着一种天然的严肃，仿佛很恭谨却又透出一股十足的自信。

    上课呢，也没有学长们宣传的那样可以散漫分神，各自为政，相反倒颇有些严格。要认认真真抄笔记，要细细致致纠正错误。我当时虽也老老实实照做，心下却是不以为然的：不是说大学贵在自学精神么？这么满屏幕满屏幕地把知识点打出来要我们自己抄，是还拿我们当中学生呢。当然这都是彼时年少轻狂，现在想来，便很为当时的自以为是而羞愧。老师那是要我们自己择摘其要记录下来，既能避免我们开小差，也锻炼了我们筛选信息的能力，更重要的一层意思这便马上要说了。

    照例是要有作业的，还要顺便检查课堂笔记。布置的什么我已然忘了，总之是要自由发挥的。便很用心地写了一篇鲁迅《故事新编》的评析交了上去。用我自创的"狂草体"书写，还颇造了几个长句，洋洋洒洒的，并自觉语言流畅，用词新奇，因此充满了要得到高分的期待。不久本子就发还了。作为学生总是本能地去关注成绩，赫然一个85。早先听说大学里能得七八十分的成绩就已经很不错了，我也窃喜着，浑身骨头都痒了，伸长了手要去找其他同学的看。看了一个90，再看一个95，看来看去都是90、95、90、95，我的脸色陡然发白了，冷汗也要出来了。后面还看到一个98的（这个98现在已经成了宝宝她爹），我才觉得真正无地自容，先前还那么热切地眉开眼笑地盯着王荣老师，现在便连抬头也有千斤重了。难为情之后还有些不甘心：我那么用心对待，怎么就这个下场呢？反反复复地看评语：对本专业及课堂教学内容有较系统的了解，论述题也体现出一定的新意及灵气。但希望今后作业写作规范之外，应当严格按照专业学习及训练要求，文字工整、清楚，包括正确使用标点符号。又在下课后要了几个高分同学的作业看，也没有什么特别高明之处，看来看去无非是字写得比我端正工整、标点加得比我清楚规范罢了，这不甘心便成了对老师的不服气。

转眼到了下学期，我吸取教训，字迹书写得收敛了许多。又到了交作业的时节，我更用心地交了一篇解读沈从文《边城》的小论文，发下后成绩果然"大有起色"——足足比前次进步了5分。他给我的评语是：作业内容较扎实，完成质量有明显进步，但仍希望能将文字写得工整些，这也是师范教育及基本技能训练的内容之一，望能引起注意。又是书写的问题！偷瞄到周围同学，却又都变成了95、98；98、95，而上次得98的某某，这次竟然得了100！那时我们已开始恋爱，我便又难过又嫉妒地抢过他的作业来看，当时也没看到什么惊天动地的高妙之处，再看评语：作业内容扎实，完成质量优秀，书写工整、规范，论述逻辑性强，有一定的专业及学术研究意识，应得到肯定。望能在各专业课程中都继续坚持这种认真、严谨的学习态度及良好的学风。又看到他面对满分一脸幸福陶醉的样子，我对王荣老师简直要怀恨在心了。

时隔多年，我也早已走上工作岗位。在教学中，我才深切地体会到工整规范的书写的重要性。重新翻开八年前的作业，看到我当时自诩"飘逸潇洒"的字体如此张牙舞爪，竟是那样丑陋。而且作为中文系的学生，却连句号都不规范，十几页的笔记还要劳烦王老师一个个地改过来，共改了26个句号！真是羞愧难当。笔记中书写不清或记录有误的，他一一标注出来，这样的耐心严谨、不厌其烦，绝类鲁迅笔下的藤野先生。事到如今，我也早不再肤浅地认为王荣老师改作业仅凭字体是否工整，他最注重的是作为大学新生应具备的端正的学习态度和踏实的知识积累。我那些兴之所至堆造的句子，也绝非什么"妙手偶得"，中间没有任何理论意识，更绝无内在的结构与逻辑，反是写文章的一大弊病——胡诌乱侃，没有条理。至于老师评语中的"新意及灵气"，如今看来也是仁慈的老师给我空戴的高帽而已。

　　大学毕业已然四年多了，不知王荣老师是否仍在师大任教，孜孜以求，诲人不倦。王荣老师必然忘却了当年这样一个眼高手低的学生，我却将长久铭记他，铭记他教会我的这许多。

# 忆旧师

何钱文

## （一）笑眯眯的鲍老师

鲍老师是从什么时候开始教书的？我真不知道。他教过我的小叔，教过我，甚至教过我的孩子。

有的小孩初进校门时总要哭闹，他家的大人总会这样哄："别怕，是鲍老师教你们。"有不相信的，哭闹到教室门口，一看真是鲍老师，立马乖乖地跑到座位，对门外的父母挥挥手："你们家（家乡念：嘎）去吧。"

谁都知道，笑眯眯的鲍老师从不打人。你贪玩，没完成家庭作业，鲍老师来到你身边，轻轻摸摸你脑袋，笑眯眯地说："下回可不能这样了啊。"你在课堂上顽皮捣蛋，鲍老师让你站起来，笑眯眯地说："下回可不能这样了啊。"你放学路上跳河里摸鱼，第二天上课，鲍老师会摸摸你的脸蛋，笑眯眯地说："下回可不能这样了啊。"……说来也怪，再淘气的孩子，父母说一千遍也管不了，鲍老师笑眯眯地说上几次，就都乖了。

鲍老师整天笑眯眯的：有人在时笑眯眯，自己一个人也是笑眯眯的。孩子们都知道：鲍老师是个没脾气的人。一个人可以十天、一个月没有脾气，但一辈子都没有脾气的，还真不多见。鲍老师教一年级，他一辈子都在教一年级。我们那时的一年级就等于如今的幼儿班。班上小的五六岁，大的八九岁。鲍老师上课，小的不哭，大的安静。一年级用铅笔，所有孩子的铅笔都归鲍老师削。鲍老师削的铅笔比刨刀刨出来的还好看。

有个新分配来的年轻老师不服气，和鲍老师打赌：不就一年级吗！鲍老师笑眯眯地说：那您来。笑眯眯的鲍老师请假歇了几天。年轻老师接手后：上课时大的捣蛋，小的哭闹。用糖果来哄，用教鞭吓，都没见多少效果。学生要削铅笔，他也学着鲍老师的样子削，可学生总说不如鲍老师削的好看。后来那个年轻老师红着脸去了鲍老师家……

听老人说，鲍老师是退伍军人。复员回家后村里正缺识字的老师。村支书就请鲍老师来代几天课。没想到，一代就代了一辈子。忘记说，鲍老师全名叫：鲍仲民。他如今已经退休，退休前几年转成了公办教师。我们村里老人小孩见了面都叫他鲍老师。

## （二）不一样的谢老师

初二开学第一堂课，我们正襟危坐等原班主任来上课。谁知进来的却是一位穿灰色西服的年轻人。我们正狐疑，年轻人不慌不忙走向黑板，用粉笔写下四个字：谢思球（求）。然后回过头对我们说："同学们好，我是你们新来的语文老师。我姓谢，名字叫思球，我这一生都在思考皮球。"说这句话时，我们忍不住满堂哄笑。年轻老师不动声色地等我们笑完，指着括号里的"求"字，缓缓又说："我还有个笔名，叫谢思求。"当时在我们心里，笔名应该是"冰心、老舍、鲁迅"这些人物才有的啊。我们全班霎时安静下来，都感觉这位新老师有点不寻常。这才注意看清他的脸：和黑板上的字一样秀气。

不出所料，这位谢老师果然和别的老师不一样。比如他上语文课，虽带着课本讲义，但他极少翻它们。进教室，把教科书往讲台上一丢，问："同学们，我上堂课讲到哪了？"接着滔滔不绝又讲起来。谢老师讲课时的眼睛就像电影屏幕，我们能从他眼睛里看出五彩缤纷的画面。以前的语文老师多是照本宣科，说来说去都是与课本相关的内容。但谢老师不一样：他经常由课本中的一个词、一句话跳跃到沈从文、汪曾祺、贾平凹等诸多名家身上，经常动用整堂课的时间说这些名家们的生平，讲解他们的作品。这些和课本无关的故事引起了我们强烈的兴趣。等他合上课本说"下课"时，"电影"散场，我们还沉迷于"电影情节"中反应不过来。下课忘记喊"老师再见"的次数多不胜举。

那时乡下的音乐课还是摆设，常常被主课莫名其妙代替。有限的几堂音乐课里，兼职音乐老师教的都是港台内地的流行歌曲。平常时候我们哼的也都是"妹妹你坐船头""给我一杯忘情水"之类的情歌。有一天上午，本应上语文课的谢老师却提了个手提录音机进了教室，说："同学们，从今天开始，我教你们音乐课。"我们正诧异，他指了指录音机又说："这是我从家里带来的，你们听下音乐，我先抄歌词。"音乐一响，举校震惊。校长后来说是"建校以来第一次"。那堂课后，他的录音机便留在了班级课桌上。从此我们有了真正的音乐课。我永远忘不了他教我们唱的第一首歌的名字——《我的中国心》。

初三上学期期中考试后，我们搞了个小小的"政变"：学习委员欲将现任班长"推翻"，自己取而代之。学习委员成绩好人缘也好，且和我同坐一排位置，属于死党。班长是"学霸"，晨课他读书声音最响，回答问题他手举得最高。这两位也不知怎的闹了点小矛盾，学习委员一气之下要"谋朝篡位"。作为铁杆盟友，我帮学习委员实施了"一揽子针对班长的计划"。后来班长终于受不了了，向谢老师请辞。第二天上课，谢老师用了大半堂课的时间夸奖学习委员，就在我们都沉浸在"政变"即将成功的沾沾自喜中时，谢老师突然宣布"由何钱文同学接替班长位置，大家鼓掌"。何钱文同学就是我，此结果一宣布，满堂愕然，我看见学习委员脸色一阵红一阵黑……

不上课时的谢老师很文静。下课后就坐在自己的办公室里，一只手拿烟，一只手握笔在稿纸上不停地写。别的年轻老师下课后都是聚在一起打篮球，聊闲天。但他从来没有，仿佛有点不合群。偶尔会见他独自坐在宿舍里吹口琴，我有几次去他办公室，有幸在门口听到过几次：非常好听！乡下学校条件简陋，那时家长的教育观念也没现在开明。谢老师来校之前，我们几乎没有"课外读物"，但谢老师来后就不一样了，他自己掏钱定了几份报纸，做成了几个阅报夹，放在教室里让我们读。不定期地带些杂志文摘放讲台上，大家轮流看……我后来养成阅读的习惯，和谢老师有极大的关系。

谢老师教了我们两年。我和全班同学陶醉了两年。初三预考前几天，同学们都有点伤感，班级里到处弥漫着离愁别绪。最后一堂课，谢老师进教室的第一件事，就给我们深深鞠了一躬，抬头红着眼圈说："同学们，两年的时光我们一起走过，谢谢你们带给我的快乐。"这句应该由我们来讲的话，在我脑子里回响了二十年。

# 师恩难忘

魏慧勇

人常言：一日为师，终身为父。但张学文老师是我父母亲的老师，且与我奶奶同岁，所以我是要称为"师爷"的，他是我初中的第一位语文老师。

在上初中之前，也听父母亲说过张学文老师：20世纪70年代初，当时条件差，交通不便，所以每周日吃过午饭，同村的张老师都会带着他们挑上酸菜罐、背上干粮袋、翻越几架山步行至三四十里开外的学校。周六下午放学，又会领着饥肠辘辘的他们说说笑笑往家赶，既消除了路途的孤独寂寞，又保证了孩子们的安全。冬天，天寒地冻，结水成冰，孩子们捧一把雪往脸上一搽就算洗了脸，但张老师总会把暖水瓶里的热水倒在脸盆里，等着同村的几个孩子洗了脸去教室上早读。也曾听外公说过与张老师交往的一件事：当时他在乡上开会，散会时天已经大黑，并且下着大雨，因第二天还有会，外公只得去投靠政府隔壁学校里一位当老师的亲戚，明明看到亲戚的房子里亮着灯，可叫门人家就是不开，外公的喊声惊动了隔壁的张老师，他打开门热情地迎进外公，让他在火炉上烤干衣服，并让外公晚上与自己同住。就这样，一位满身汗味、朴实老诚的农民与一位文人书生同宿一床，外公至死还念念不忘这件事。因此，张老师的崇高形象就埋藏在我幼小的心底里，期盼着上初中张老师能给我带课。

1992年，我上了乡里的初中，语文老师正好就是张老师。开学报名的当天下午，张老师就找来自己教过的旧教材，在黑板上抄了课本上的一首古诗：《垓下歌》——力拔山兮气盖世，时不利兮骓不逝。骓不逝兮可奈何，虞兮虞兮奈若何！然后认真地给班里的新同学们教开了，其他班的同学还在校园里乱跑嬉闹，我们班却响起了朗朗的读书声。晚上发了课本，打开书，发现张老师教的古诗就是课本附录上的课外古诗词十六首的第一首。

张老师上课认真细致又幽默风趣，给学生们留下了难以磨灭的印象。开学第一节课，他就让同学们准备一支红圆珠笔和一支蓝圆珠笔，蓝的要求标自然段号、画重点词句，红的专门在书边做旁批和记录段落大意、中心思想、写作特点等，他不但让学生们认真做课堂笔记，而且他的教科书上，备课时也是用红蓝圆珠笔工整认真、密密麻麻地做着旁批。

夏季上课容易打瞌睡，他会随机地给学生讲一个笑话，惹得全班同学哄堂大笑，同学们的精神一下子被提起来了，又认真地听老师讲课。隔周的一次作文课，作文讲评完了，他就会给同学们读自己订阅的《山西民间故事》，麻利姑娘与麻利女婿、老宰相娶娇妻等幽默故事至今仍印在我的脑海里。1992年，贾平凹的长篇小说《废都》刚出版，他看书后就给我们读贾老师笔下的"十类人"和"说你行"，引得同学们捧腹大笑，并赞叹贾老师说得有理。

张老师不仅课上得好，同学喜欢、同行赞叹，而且生活非常有条理，特别是宿办合一的房子布置得整洁而温馨。学校当时土木结构的房子不到九个平方，他却布置得井井有条，里面靠墙一张床，被子叠得豆腐块一样方正，粗布床单早晚平平展展，没有一个皱褶；靠窗一张办公桌，挨墙的一侧整整齐齐一排书，桌前是办公所用的文具盒，桌上吊的是高低合适的电灯；门后是自己设计让木匠专门做的书柜，里面整齐地摆放着书籍和生活用品。在学校里，老师们都称赞张老师生活有情调，特会收拾房子，这也成了张老师工作所形成的一种习惯。直到退休后回到家，他把自己的房子摆设得和在学校一模一样，书桌、书柜、床的位置都没有变，这也许是他对工作的一种永久怀恋吧！

张老师只给我带了两年课，却让我偏向语文学科的学习，并热爱上了作文。作文课他都会认真指导，让同学们先确定主题，列提纲，打草稿，然后斟字酌句。我的作文他都会细阅详批，每次的批语几乎满满一大张，有高度的赞扬，也有中肯的建议，多数的作文他都会当作范文在全班朗读，着实让我兴奋了两年，又无形地鞭策激励了我两年，让我在作文的道路上永不停歇，直到现在我还保存着张老师曾批阅过的作文本。

张老师不仅在学习上关心我，而且生活上对我关怀有加，把当初对父母们的爱又延伸到我的身上。20世纪90年代初，没有理发店，理发就是那种手捏的理发推子，每隔两个月，张老师都会利用课余时间把我叫到他的屋里，给我披上围布，认真细致地给我理发，边理发边给我讲学习，了解学情；理完后，亲自打水让我洗头。两年间，我也记不清理过多少次头，感受过多少次轻柔的抚摸，这种不是亲情却胜过亲情的无言之爱已深印我的心底！

1994年秋，我已上了初三，开学报到没有见到张老师，上第一节语文课的竟然是另外一位老师，我不免有些失落。后来听说张老师退休了，当时对退休了解得不是很清楚，但只知道他再不会给我上课了。后来每星期上学放学，路经张老师家门口，也会碰见张老师，他都会嘘寒问暖，问问学校的情况，从他眼神里能明显地看出他对学校生活的眷恋。退休后，张老师回到了农村老家，他想实现角色的转变，就上山砍起了柴，下地种起了菜。门口的柴房里，堆满了他亲自上山背的并细心剁成段扎成捆的柴火，码得像在学校批阅过的作业那样整齐；门口路下的菜地里，辣子一行，茄子一行，白菜拔了，种下萝卜，依然像在学校备课上课那样层次分明，条理清晰。有一次，张老师叫住了上学的我，把我领到他的屋里，递给我两本书，一本《作文指导》，一本《精品作文选》，并勉励我好好学习，多练习写作，当时我也不会说更多感谢的话语，只记得已感动得热泪盈眶。

后来，我考上了中专，报考了张老师四十多年前也上过的商州师范，并将从事和张老师从事一生的同一职业。张老师听说这一消息后异常高兴，亲自到我家向我表示祝贺并为我送行，当着前来的亲戚朋友说："这娃的性格、脾气就适合当老师，字写得好，文章写得好，将来会是一个好语文老师的。"带着张老师的期许，我踏上了求学深造的征程，当时条件不是很好，一学期只能回一次家。记得上师范的第一学期放寒假回家，大年初二早上我去给张老师拜年，张老师表现出少有的兴奋，一如当年幽默地说："初二是女婿拜丈人的日子，没想到今天是学生拜老师。"我忙说："这是应该的，您的恩情胜过一切，学生没齿难忘。"我向张老师展示了我在校刊上发表的文章，张老师兴奋不已，赞叹是收到的最好的新年礼物，并盛情地给我做了他拿手的红烧肉。

转眼间，我参加工作已十五年了，张老师也已八十高龄了，现在耳朵也有些背了，腿脚也不灵便了，虽不常见面，但和张老师相处的情景常常萦绕在我的脑际，他的许多教学方法我在我的课堂上也运用并传承，偶尔见面，依然还那么亲切。他虽年事已高，但仍手不释卷，经常能看到他坐在门前河边的石头上专心致志地沉浸在书的世界里，流水潺潺，鸟雀啼鸣，他浑然不觉，完全进入了一种物我两忘的境界。教了一辈子书，读了一辈子书，现在依然不离书，书成了他晚年的最爱，这就是我的恩师张学文老师。

"天涯海角有尽处，唯有师恩无穷期。"每当夜深人静之时，又一次凝望着办公室里和张老师的合影，往事历历在目。

# 无声的课堂

刘建中

  记得我上小学一年级时，学校在我们邻村。说是邻村，也要翻过一座大山，蹚过一条小河，才能来到山脚下这个孤零零的学校——只有三间房子，两间是以前的破庙，后来成了我们一二年级复式班的教室，另外又续盖的一间是李老师的办公室、起居室兼我们的伙房。教室的窗户用几根竖立的木棍遮挡着，教室内的土墙上还隐隐显着令人恐怖的龙爪图案，教室的背后就是悬崖峭壁、长满杂草灌木的大山。草木疯长的时节，绿色的枝叶茎蔓常常会从破木窗伸进来，在教室内一伸手就能揪掉一把嫩绿的枝芽。

  一天晚上，因为下雨，我们三个学生和李老师一样临时住校了。夜里，电闪雷鸣，闪电瞬间照亮了窗外黑魆魆的大山，紧接着就是"轰隆隆"的一阵炸雷。就在我们拉紧小手，惊恐地蜷作一团时，"扑通"一声闷响，仿佛整个教室的屋顶轰然倒塌下来。冷风夹杂着冰凉的雨水打到我们脸上，原来，教室的一个墙角倒塌了，正在哭泣的我们瞬间被吓呆了。

  这时，住在我们隔壁的李老师提着马灯出现了。我们冒着滂沱大雨准备到河对面的村子去，老师背着我们蹚过已经涨水的小河，在村里安顿好我们，又折回身子，冲进了风雨交加的夜幕中。他要返回学校，抢着挖开教室屋后的淤泥，他担心洪水会冲毁教室。

  第二天，我们听说老师病了，发起了高烧。

  几天以后，我们又开始坐在教室里上课了，教室的那个墙角已被老师修补好了。同学们发现，我们的老师明显瘦了一大圈，脸色苍白，整个人显得疲惫又憔悴。

  后来，李老师再给我们讲课时，只见他非常努力却发不出一点声音，老师的嗓子坏了。但老师的眼神仍像往日给我们上课时那样，充满激情，仍然有力地比画着手势，疾速地在黑板上写着字，与上课前疲惫的他判若两人。课堂无比安静，我们一个个坐直了身子，挺着胸脯，背着小手，认真地听老师讲课，连最不爱学习的学生也争抢着回答问题。下课了，同学们没有像往常那样跑出去疯玩，我们开始做老师布置的作业。很快，我们就陆陆续续上交了作业本。同学们似乎要以此来证明：我们听清楚了老师讲的每一句话，我们照样听懂了老师的课。

我们以为，过不了多久老师的嗓子就会好起来，就像我们喝了凉水，嗓子哑过几天以后就会恢复正常一样。但老师的嗓子一直那样哑着，他每天依然用嘶哑的声音给我们上课。我只记得，班里的几个调皮鬼比以前学习更认真了，开始主动向班长请教问题，自觉完成作业。一下课，同学们都轮流着去帮老师熬中药，看着黑砂锅里翻滚的黑色药汁，闻着浓烈的苦味，天真无邪的我们都在期盼：这一碗碗黑色的汤汁能发挥神奇的力量，让老师的嗓子慢慢好起来。

上二年级时，我不得不到新的小学去了。后来，我从大人们的谈论中得知，我们的复式班被撤并后，李老师也被要求到新的学校去任教，但他不愿意去。考虑到老师的身体情况，领导告诉他，可以教个体育或者美术课，再坚持几年，等到"转正"了再说。但李老师还是认为，自己嗓子坏了，不能给学生讲课，坚持要辞职回家务农。想到老师将要和村民们一样在地里艰辛劳作时，我的眼睛就模糊起来……

老师和我是同村，那年，不大的村里也只有我一个孩子上一年级。每天天不亮，我就和李老师一块去上学。山路崎岖蜿蜒，陡峭狭窄。漆黑的夜里，我们全靠熟悉的记忆，急匆匆地行走在山间小道上。爬到山顶时，汗水早已浸透我的上衣，山下传来几声狗吠，可以看到若隐若现的几点灯光，我紧张的心情才稍稍缓和下来。

下雨天，我们披着麻袋片去学校。山路泥泞湿滑，上坡时，常常站不稳脚步，老师就把藤条捆在我的鞋上，这样鞋底就不那么滑了。下坡时最危险，老师一只大手紧拽着我，一手揪着路边的杂草，连滚带爬地下了那道山坡。

冬日里，寒风刺骨，我常常被冻得手脚发麻，而被老师攥着的那只手总是暖和的。一次，大雪封山，我们不知摔了多少次跤，袖筒、裤管、鞋子里全进了雪。鞋底结了冰，老师干脆就脱掉鞋子，赤着双脚背着我摸爬着下了山……

　　参加工作以后，我又几次去看望过李老师。老师的身材不再高大，他明显老了。他显得那样瘦小，带着酱色的绒线帽子，穿着黑色的老棉衣棉裤，脚上是一双黄色棉球鞋。老师每每提及他的学生时，都如数家珍，他那柔和平静的眼睛里又显出往日的无限慈爱。当他得知某个学生小有成就时，那幸福的笑容就溢满了他黝黑脸上的每一道皱纹。这时，我才深深地体会到：原来，早在二十多年以前，老师就一直把我们当作他的孩子。

　　老师起身为我倒茶，拳头大小的铝制茶壶，银灰色的茶壶身上，一行红色的字迹还隐约可见：赠李成方老师，某年教师节。这就是李老师从教近二十年的唯一见证了吧，老师那粗糙的手上结着老茧，骨节已经变形，丝毫看不出当年在黑板上奋笔疾书的样子了。

　　现在回想起来，李老师课堂上讲授的内容，我已全然不记得了，只记得在那个教室里，那些富裕家庭孩子的娇气消失了，那些贫穷人家的孩子受到了尊重和公正对待，那些生性顽劣的孩子开始认真学习。李老师让我明白：做老师的最高境界不只是上一堂精彩的优质课，更重要的是要教会学生做人。这位宽厚善良的老师，充满爱心又公正无私的老师，以其人格魅力触及孩子们的心灵，潜移默化地影响着我们，在我们幼小的心里悄然扎根发芽，让我们终身受益！

# "拇指"飞歌

余利军

冯老师，是我的恩师，不仅仅是因为他教了我一年英语，更重要的是近五年来他还一直坚持对我实施着"拇指"教育——用短信勉励我做一名合格的军人。

在我读初三那年，冯老师既是我的班主任，又是我的英语老师。由于玩心太重，我的成绩不是很稳定，但冯老师从来没有放弃过对我的鼓励与帮助，他常挂在嘴边的一句话是"此生可塑"。这话听起来很普通，但对我来说却是学习动力的源泉，因为那是我上学以来第一次有老师对我表示肯定。

当我到县城读高中时，冯老师也调入了教委，他还时常到学校来看望我，帮我理理学习内容。带着冯老师的鼓励与祝福，我顺利地读完了高中、大学，而当我成为一名海军军官时，冯老师已在家乡当上了人事局长。我们虽然相距千里，难以见面，但一个礼拜总会"煲"上两三次"电话粥"。时间一长，彼此也渐渐产生了"代沟"：我常问的是如何升官，而冯老师回答的却是如何做人。这样自然少了许多联系。但冯老师对我这个"可塑之材"并没有放弃，他开始用发短信的方式继续着他对我的"塑造"历程。

说起发短信，还闹出个笑话。听他女儿说，冯老师一条短信常要输入好长时间。为了给我发短信，他一有空就摆弄着手机。当时，家人都怀疑他有了婚外恋，师母还为此把他的手机都给摔坏了。

冯老师发来的短信都是自己的所思所想，很有见地，有时，一两句话就把理说得很透彻。在调整精简那年，我十分介意自己被下放到基层去，冯老师获知后发来短信说，做名军人要像一块砖头那样"从不计较位置的高低……无论安排在哪里，都勇敢地承担着自己的重任，默默地实现自己的价值"。看了后，我如释重负，一下子明白了许多。前年，领导安排我具体负责某项工程建设，好多老板找到了我。作为过来人的冯老师深知我的处境，他连夜撰写了一篇《摆平》发给了我，说"死刑犯把法院院长摆平，无罪释放；矿主把安检局长摆平，瞒住矿难……谬误岂能把真理摆平？太阳终会把妖雾驱散！"好一个"摆平"！我完全明白了当前一些干部之所以"出事"，就是在如何对待权力、地位、利益的问题上打了败仗。为此，在整个工程建设中，我时刻在思想上筑牢"防火墙"，始终没有被"糖衣炮弹"摆平，经受住了考验。

随着职务的提升，自己也有些自满和官僚起来。冯老师看在眼里记在心里，他说"我们党执政后的最大危险是脱离群众"，并特地写了《钢筋架》发来暗示我，"看到人们惊讶的目光，听见人们啧啧的赞叹，大楼沾沾自喜地得意忘形起来，它瞧不起那些瘦骨嶙峋的钢筋架……钢筋架一气之下，愤然离去，宏伟的大厦如一摊烂泥轰然倒塌"。是啊！谁脱离群众，谁就会被人民群众所鄙视，就会被人民群众所抛弃。我们绝不能忘了"全心全意为人民服务"的党的宗旨，绝不能丢了"密切联系群众"的优良传统。

爱在指尖发出，责任在空中传递。五年来，冯老师几乎每周坚持给我发一两条短信。一条条短信如同一首首动人的歌，震撼着我的心灵——我暗暗发誓，一定要做官就要为兵造福，始终要恪尽职守，永葆一名革命军人的本色。

# 师恩浩荡

李职贤

20世纪70年代初，我出生于粤东山区梅州市五华县。

1985年，我要读初中了，家里迎来一个大考验——大哥读大学二年级，二哥读高二，原本正读初三的三哥则因家里经济拮据，早于去年主动休了学，弟弟和妹妹都还在读小学，而家里为筹措大哥继续在象牙塔深造的钱，几乎变卖了所有值钱的东西，剩下的钱无论如何都供不起我们一起读书。

新学期的临近如同越敲越密的鼓点，双亲开始着了急。此时，必须有人主动站出来作自我牺牲，懂事的妹妹主动要求辍学，即便如此，家里的钱还是不够，怎么办？于是，我也站到妹妹一边。

当晚，双亲房中的煤油灯快到天亮才凄然熄灭，他们发出一声声喑哑的叹息，像悲秋的季候风，整整回荡了一宿。

第二天一早，班主任刘老师到我们家家访，得知我决定辍学的消息后，呆了半晌，然后用坚决的语气说："要不这样，我先借钱给你读书，等你将来考上大学有出息了，再慢慢还我也不迟。"其实，刘老师的日子也过得清苦无比，师母在家务农，他们的一个儿子和三个女儿也正处于求学阶段，一家人靠他那份微薄的工资过活。

刘老师说到做到，第二天，到学校帮我办理了入学注册手续。

求学的路途较远，我寄宿在校，每个礼拜只回家一次。每次我回到家里，刘老师都要赶在我返校前，步行一公里多的山路来到我家，塞给我5元钱作为一个星期的生活之资。彼时，只要花上两三毛钱，便可买到一碗漂着油星的青菜，再辅之以从家里带去的炒好的酸菜，5元钱的生活费已足以令我过得颇为滋润，甚至小有结余。有时候，我因为补课没能回家，刘老师专门到学校送钱给我，每次都鼓励我好好读书。好多次，一些同学见到刘老师送钱给我，都用羡慕的眼神看着我说："瞧，你爸爸对你多好！"我没有解释，是的，刘老师不但是我的恩人、恩师，而且也是我心目中的严父、慈父！

在恩师的鼓励下，我务求比任何人都要勤奋和刻苦，因此，成绩一直名列前茅。

我读初三那年，刘老师的二女儿阿珍也考上了初中，跟我同校，从此，生活费由她转交。

有一次，当阿珍把5元钱生活费交给我时，我随口问她的生活费够不够用，她迟疑了一下说："还行，我爸每次给我2元钱。"

我闻之一震，又问："为什么给我的却那么多？"

"我爸说了，你是男孩子，花销比女孩子大！"

我怔住了，无言的感激像水银泻地，眼里和心里都在流泪。

当我以优异的成绩考上重点高中时，大哥刚好出来参加工作了，因此家境大为改观，在我们一家的劝说下，刘老师才没有继续帮我交学费和生活费。不过，他常常写信给我，一如既往地鼓励我认真读书，莫辜负家人的期望。

直到我考上大学之后，才了解到，当刘老师承诺借钱供我读书之后，把原本留给大女儿阿芬读高中的钱挪给我交学费了，阿芬哭了好几天。为了贴补家用，年方十六岁的阿芬决定外出打工，岂料，不到半年就出了事，有天晚上，她在公司加完班，刚走出马路，被一辆失控的大客车撞倒，摔出十几米远，伤势严重，虽然医生全力抢救，最终还是回天乏术。为了让我安心学习，刘老师把这件事捂得像铁桶似的，不让任何人告诉我。真相大白的一刹那，于我内心的震动可想而知，当即，像疯了似的跑到恩师的家中，抱着恩师长跪不起，泣不成声……

大学毕业后，我把第一个月的工资全寄给了恩师。恩师不肯要，如数退回，说他不缺钱，只要我努力工作，为人民为国家多作贡献，便是对他最好的慰藉和回报。我再寄，他又退。我只好不再寄，因为我已深深地知道，老师的恩情犹如滔滔江水般绵延不绝，任我穷尽一辈子也报答不完。

几年之后，我罄尽积蓄，以刘老师的名义给母校——我曾经就读过的小学，捐了一大笔钱，作为扶持贫困学生的助学金。

一辈子，恩师像古人所说的那样："养子弟如养芝兰，既积学以培植之，又积善以滋润之。"老师既呕心沥血地给我传授知识，又为我树立起一面猎猎飘扬的道德的旗帜，鼓励和感染着我将他视为学习的楷模。这些年，我总是力所能及地帮一些需要帮助的人们，因为我总这样劝勉自己：唯有怀一分感恩的心，才能擎起一面奉献的旗，唯有竭尽所能地为社会为国家作出更多更好的贡献，才是对回报恩师的最好诠释。

# 触碰学生心底的老师

闫怀强

穿越时空，我一下子回到了四十年前，回到了令我魂牵梦绕的母校——大四公社胜利小学。

"铛、铛、铛……"铁锤有节奏地敲打着犁铧。老柳树下，李大爷粗声大嗓地喊着："上课了！"于是，戏耍的同学们懒散地走进各自的教室。

我刚在长条凳上坐稳，便见一个身材高大、身着绿色衣裤的青年夹着本书健步走了进来。我们坐好后，来人开始介绍自己。原来，他叫姜连弟，是响应"知识青年上山下乡"号召的城里高中学生，因学校缺老师，便自荐来到小学教书，做我们四年级一班的班主任。"以后，同学们有喜悦、烦恼、疑问……都可以向我叙说，我愿做你们的知心人！"那音色、语调、节奏既饱含着丰富的情感，又诠释着什么叫轻重缓急、抑扬顿挫、落地有声。我发誓，那是我那时听到过的最动听、最享受的声音。

接下来，老师让我们谈各自的理想。同学们踊跃发言，有说做科学家的，有说去当兵的，有说去城里当工人的……老师都一一给予了肯定和点评。

轮到我发言了，心里非常紧张，不肯站起来。回想自己过去经常逃学，在老师和同学心中已是典型差生，啥时想过要在课堂上发言？我顿觉心跳加速，脸也热了起来。

"请相信自己，勇敢地谈一谈。你能行！"老师的话坚定而又诚恳。我抬起了头，在站起身来的同时，看到了老师那双大而明亮的眼睛。在这双眼睛里，我感受到了老师的关怀、信任和希望。我不能辜负了老师！可我的理想是什么呢？急切之间，我想到了家里的菜团子，想到了村里那些断粮户，于是我回答道："我想做个农民。"

听了我的回答，同学们议论起来：有的说尽扯淡，做农民不是理想；有的说想做农民简单，回家买把锄头就是了……我既委屈又尴尬，无助地望着老师。老师面带微笑，一双蓄满慈爱的眼睛深情地望着我，朗声说道："该同学的理想朴实而又切合实际。吃不饱是现阶段我国人民普遍面临的问题，我也吃不饱。想解决这个问题，只有学好知识，科学种田，才能多产粮食。让我们为他的理想鼓掌！"教室里响起了热烈的掌声。我发誓，那是一双我见到过的最美的、会说话的眼睛。

以后，我再没逃过学，并突然感到自己已不是差生了。后来细想，那一句"你能行"对让我找回自信产生了多么重要的影响！

转眼间到了秋季。虽然丰收无望，可田里虫子却条条肥硕。午间，同学小刚把一条七八厘米长红眼绿体的虫子带到教室并偷偷放到了女同学小丽的文具盒内。不巧，这一幕被我看个正着。小丽打开文具盒时，吓得哭叫起来。同学们有的去报告老师，有的谴责"缺德鬼"，说看老师来怎么收拾他。老师走进了教室，径直来到小丽桌旁。只见他用右手两个指头轻轻将虫子夹起放在了左手掌心内，然后对正在哽咽的小丽说："做人要勇敢，怎么会被一条小小虫子吓到？你看，这种虫子并不可怕，它只喜欢吃素食，不喜欢吃荤腥，不会咬人的。"小丽仍在耸肩抽泣。老师直起身，用那双明亮的眼睛看了一遍大家，说："同学们，你们是勇敢的人吗？若是，就都请过来摸一下它吧。"在老师信任、鼓励的目光下，同学们逐一摸了虫子。有的同学心领神会，说这小家伙肉乎乎的，挺好玩。老师再一次弯下腰，说："小丽，你摸一下吧，勇敢些，机会难得。"小丽破涕为笑了，也伸出手来快速摸了一把。同学们都为小丽的勇敢鼓起掌来。

老师托着虫子，快速走上讲台，说："同学们，你们的人生路还很长，今天经历的只是顽皮同学的一次恶作剧，以后一定会遇到很多困难、挫折甚至危险，但不要惧怕，要勇于面对。做一个勇敢的人、智慧的人。"他面带微笑，又仔细将同学们看了一遍后，说："下面我们要做两件事。一是请小刚同学打一盆水来，大家洗手；二是请小刚同学将虫子带回家喂母鸡，看它啥时候能下个双黄蛋。"

放学后，在回家路上，我遇到了老师。老师单刀直入地说："知道今天错在哪里了吗？"我一愣，心想，老师不会以为虫子是我放的吧？老师看了我一眼后马上说道："你的错在于小刚放虫子时你没有制止，后来又没有提醒小丽。"我的心放了下来，但又问道："老师，您是咋知道的？"老师笑了，说："用眼睛看，用心品啊！"

一场"风波"就这样被化解于无痕，我和同学得到了受益终身的教育。老师，您可真是走进学生心灵的艺术家啊！

尽管在那样的年代，老师也不忘记经常督促我们学习，教给我们学习方法。一次作文课上，老师指着院墙上的"爬山虎"让我们写作文。十几分钟后，同学们按要求开始口头表述。对于爬山虎的形态，同学们表述得非常准确到位；对于爬山虎的精神品质，同学们提炼得惊人一致，即"力争上游，勇攀高峰"。老师均给予了高度评价，并带头送去掌声。我也鼓着掌，可突然又想到了什么，不觉眉头一皱。

"怀强同学，你一定有不同的看法，请说出来！"那熟悉的目光又一次落在了我的脸上，还是那么坚定、信任。天啊，让我说出和同学、老师不同的观点吗？这怎么可能？我干吗要皱眉？我真的听到了自己的心跳声。"怀强同学，你是个见解独到的同学，谈一谈吧！"那声音和目光一样难以抗拒。

"可爬山虎不能自立，它总是依附别人，踩着别人的肩膀往上爬……"我低低地说。

老师沉思了一下，兴奋地说："怀强同学能联系生活从另一角度看事物，得出不同观点，值得我们学习。我们以后也都应该多角度去观察事物，不只是用眼，更要用心！"说完，他带头鼓起掌来。我发誓，那是我听到过的最难忘、最动听的掌声。

从一个细节便能揣摩出学生内心活动，并因势利导教给学生观察事物的方法。老师，我们服了！

不知不觉，我已经升入六年级了。那年秋天，学校要开运动会，同学们高兴得跟过年一般。我们班因整体风貌好，被定为体操表演队。为出色完成表演任务，学校规定我们每名学生必须穿白色上衣、黑色裤子、白色球鞋。衣、裤可以穿哥哥的，可鞋呢？这几年因父亲得病、去世，我家到了经济最困难时期，买鞋绝对没有可能。那一天，我愁得几乎没怎么离开过教室。

"这是我读初中时穿过的。你试一试吧，看合不合脚。"声音是那么熟悉、温暖，同时一双半新白色球鞋放在了书桌上。我拿起鞋，泪珠砸在了手上。我发誓，那是我读书期间仅有的一次落泪。

　　老师啊，您这么懂我，您是我心灵的知己吗？

　　1977年国家恢复高考后，老师因成绩出色，被调到县城一所中学任教。"言直遭离弃，行正受排挤。庸人何自扰？丈夫立天地！"这是老师对我的赠言，我当初还不甚理解，可今天细细品来，他是那样有远见。知我者，恩师也。

　　"请同学们准备好，现在开始做眼保健操。"学校电子铃发出悦耳的提示音。

　　我没能实现做农民的理想，而是做了一名教师。我想这绝不是因为人们都已填饱了肚子。那会说话的眼睛、动听的语调、先进的教育思想以及高大的身躯至今还在触碰着我心底最柔软的部分，开启着我的心智，放飞着我的心灵。

# 让每块礁石都开花

潇湘

人到不惑喜事多，我的第一本文集《湘思》经过审核马上就要出版了。回首往事难免心起涟漪，在记忆的长河里，愈来愈清晰的是引我走文学之路的恩师刘葱先生。

1985 年秋，十二岁的我以优异的成绩考进周镇中学，这是一所除了县一中之外的重点乡镇中学，以师资强大和教学质量闻名遐迩。父母以此为荣，决定要好好培养我。他们笃信只有住校我才会有更多的时间用于苦读上，就不管我怎么哭闹，狠狠心咬牙送我住校。在那个年代，十二岁的孩子对父母还是充满了依赖。虽然爸妈承诺每天都带好菜来看我，但我仍然抗拒住校，哭泣着要回家。记得第一次被迫住在上下通铺的集体寝室里，我的内心充满了不安与恐惧，无法入睡，又不敢大声哭泣。整整一个月，我都打不起精神来上课。

这天上课铃响了，教数学的刘葱先生匆匆走上讲台。也许是个子不高、裤子又太长的原因，他的裤脚总是像拖把一样，走过的地方都被裤脚扫得干干净净。他总是步履匆匆，连卷起的裤脚掉了都浑然不知，给人的印象总是一只裤脚高一只裤脚低，不修边幅的样子。当然，这不是重点，重点是他长着一个又大又红的鼻子，特别醒目；而且课堂上的刘老师还不苟言笑，整天绷着一张脸，让人生畏。

可是私下里，周镇中学的学生们关于刘葱老师的传说版本各异。

流传最广的版本是，刘老师教的是几何，播撒的却是文学种子。早在20 世纪 80 年代，他就是小有名气的诗人，经常在《诗刊》等权威杂志上发表诗歌。才华横溢的他本来有机会留在大学里当老师，只是因为撰文得罪了某个领导，被下放到乡镇中学教书。

最没有依据的版本是，刘老师虽然娶了个漂亮的老婆，可是刘老师却不是师娘的初恋情人，这让追求完美的诗人老师感觉很不爽，总是对师母

119

冷若冰霜，多少也能诠释他的不修边幅和不苟言笑。

传言归传言，刘葱先生照旧在周镇中学的数学讲台上默默耕耘。我也在抗拒住校的逆反心理中讨厌一切阅读以外的课程。虽然对数学老师心存敬畏，但依然没有抵挡住课外书的诱惑，我聚精会神地偷看起放在课桌里的《儿童文学》来，对外界浑然不知。

一只大手突然伸了过来，拿走了我的课外书。我吓得魂飞魄散，抬头一看，刘老师犀利地瞪了我一眼，刹那间我的头脑一片空白，继而满脸通红低下了头。刘老师并没有当面批评我，不露声色地踱回讲台继续上课。而那一节课，我却每分钟备受煎熬，恨不得有地洞钻了进去，老师上课讲了什么，我压根没听进去。

按照惯例，下课后我被叫到他的办公室，挪着灌了铅似的腿到他门口，刘老师却一反常态，和气地招呼我坐下来。一直爱好文学的我其实对诗人老师早就仰慕已久，只是没有想到会以这种倒霉方式和老师面对面，更没有想到刘老师对我这个学生的文采也略有所闻，他只字不提我上课偷看课外书的事情，却和我大谈自己年少时狂爱文学的经历，几乎和我如出一辙。最后，刘老师叹了口气说，要当作家也不难，但文学赚不到饭吃，只能作为业余爱好。必须先好好读书，考个学校有个好工作，才能继续圆文学之梦，要知道，在家种田的人，是难得有良好的条件完成文学这么高雅的梦想的。我之前只懂得父亲强烈反对我偏好文科，并没有真正明白父亲反对的理由，经过刘葱老师那么深入浅出的点拨后，我茅塞顿开，第一次清醒地知道理想和现实的差距了。谈完话，刘葱老师送给我一些《诗刊》之类的文学期刊书籍，严肃地与我约定课外书课外读。

从那以后，每天放学后的空隙，刘葱老师都会来到我们班，和我们一起谈文学，谈理想，谈文学写作。数学老师成为我们的文学启蒙导师，这成为周镇中学一道独特的风景。后来，他索性倡议我们成立了周镇中学首个文学社，自任指导老师，我当社长，会员遍及各班的文学爱好者。每次组织各类学生征文比赛，文学社会员都能拔得头筹，为学校增光添彩。当校长在大会上公开表扬我们的时候，刘葱老师的大红鼻子总是涨得特别通红。

嗜书如命的我得遇如此良师，早就忘记了被迫住校的痛苦，开始喜欢起住校生活来。也是奇怪，从此，我感觉课堂上是快乐的，各科成绩直线上升，到初二的时候，居然考到全年级第一名。其时我虽稚嫩，却慢慢懂得刘老师说的话：要当作家，首先得练好自己养活自己的本事。课余时间我们更加快乐，刘老师会给我们文学社会员讲枯燥的数学课堂里学不到的各种文学营养课，依稀记得有《诗界的忧伤》，有蒙太奇手法，刘葱老师给我们展示了一个又一个崭新的文学新天地。在我们幼稚的散文与诗歌后，是刘葱老师旁征博引的长长的评注。偶尔也会给我们出诸如"桥上荞，风吹荞动桥不动"的上联，叫我们对下联，虽然我们对仗欠工整，但他总是微笑着赞扬我们，开启我们对韵律美的学习。那时候阅读刘葱老师发表在《诗刊》上的新作，虽然不甚明白，但内心却受到了熏陶。在那个物质贫乏、精神却无比葱茏的时代，我们就这样被刘葱老师牵引着慢慢走进了神奇的诗歌和散文的大门。有了刘葱老师的引路，至少在我的印象里，其他语文老师的阅读理解课就真的淡而无趣了。

初中三年就这样在快乐和充实中一晃而过，临近毕业的时候，我一首《多梦的三月》发表在《全国中学生优秀作文选》上，来自全国的读者来信雪片一样飞向周镇中学，在校园里引起了不小的轰动。毕竟我是周镇中学第一个在国家级刊物上发表作品的学生，校长深以为荣，在每届新生大会上都作为励志话题。其时我已经顺利考进了高中，刘葱老师就把读者来信装进一个大麻袋里，嘱咐父亲务必给我送进高中，说对我这是一种激励。当我拆阅完那一麻袋热情洋溢的读者来信后，那份对缪斯的钟爱之情，陡然在心中生根发芽。

后来我就继续升学和工作，离故乡也越来越远。从当年一个十二岁的懵懂少年到今天的有志青年，如愿以偿地拥有了一份体面又足以能养家糊口的工作。三十年过去了，依然痴迷文学之梦不改，工作之余，一直锲而不舍地坚持着自己的文学梦想，发表了不少作品，虽然没有特别出色之作，但是，当年深受刘葱老师的熏陶一气呵成完成的处女作《多梦的三月》，却句句铭记于心。如今重读自己在少年时候所写的那些空灵的诗句，深知是今天的我无论如何都无法重新绽放出来的灵感火花啊！一位良师，真的能让每块礁石都开花！

自从离开家乡，我就和刘葱先生失去了联系。三十年后，隔着时空，已经走进不惑之年的我只能吟诵当年的诗作，作为给文学启蒙导师刘葱先生的献礼，居然毫无违和感。不知先生听后鼻子还会发红吗？给了我们多梦三月的先生，还在写诗否？

附录

# 多梦的三月

## 一

信步湿湿的三月路，探求《梦里江南》的诗情画意，想象三月的风雨是诗，三月的小树为笔，诗随笔意，飞舞在茫茫的烟空；烟空是海，我是鱼，鱼随海跃，遨游在最高的浪峰。有人指着遥远的海中岛屿告诉我说，那里的每一块礁石都开满了花，不觉我被悄然感化成一片初春的原野。（冥冥中，有千种信念陡地发芽。）

## 二

听潮的时候，因了海面平静，我安然入睡，醒来时方发现身旁的贝壳被拾光了。海浪声中，我只得赤脚奔跑，奔跑，似乎超越了一个世纪。回转头时，才发现所有的生命被冻成冰凌花，所有的树叶在簌簌发抖。我试图用手敲出火花，点燃被风吹灭的灯，飓风在耳边游来游去，告诉我关于魔鬼的传说。

## 三

带着幽蓝呓语，我孤寂归来，荒野上长满了星似的草莓，红红的草莓昭示了万种诱惑，而我鸽子般的心曲已随风拂去，余下的，我便种成青苔的传说。

## 四

因为有了期待，观日出时不再沉默，把所有的歌子挂在蛛网上，又去捕捉海市蜃楼的灵感，似乎也是一种乐趣。从此便拥有了翩然的红精灵，歌唱夏季也歌唱冬季。

## 五

下雨天，又看到那通向海岛缥缈于云间的小路。咀嚼青涩的雨丝，我依然是那条遨游的小鱼，只是沧桑归来，歌声粗了。

# 守候教育的一片天空

张卫东

教育的艺术不在于传授本领，而在于激励、唤醒和鼓舞。

——题记

　　我的老师她没有轰轰烈烈的动人事迹，更没有耀眼的光环，却扎根农村教育一干就是26年，用真心做着最普通、最平凡的工作。用她的话说，"教学就是个良心活儿"。她在这个小小讲台演绎着自己平凡而真实的人生！

　　她就是我的数学老师曲书一。她1986年来到农村教学，1990年教我们班，那时的农村还不是像今天这样重视教育，经常有孩子因各种原因辍学，很多是因为交不起几十元的学费而退学。曲老师看在眼里记在心上。她利用周末休息和节假日发动学生自愿去为条件好的农户干活赚点学费，有时带领我们去捡黄豆捡玉米，然后卖掉做学费。这样班级里就不会有人因交不了学费而辍学了，家长感动之余为她送来了自家种植的白菜、土豆还有自家饲养的鸡鸭表示感谢。也许在当今物欲横流的社会，人们不屑于这些农产品，可是曲老师却激动得说不出话，热泪盈眶。在我看来，她们这是用淳朴回报善良！

　　当时的乡村校舍全是土洋结合的平房，到了冬季用火炉取暖。必须要有人起早烧好炉子，同学们到校后才不至于挨冻。开始值日生轮流来生炉子，有的学生不会，经常搞得班级里乌烟瘴气没法正常上课。后来，曲老师每天坚持来为大家生炉子，同学们来上学时，教室里已是暖暖的。

　　每到中午，周边村子通校的学生都要把饭盒放到火炉上热饭，可是总有一两个孩子由于各种原因忘了带饭，不是起晚了就是家长不在家，曲老师习惯性地早晨带三个饭盒放在火炉上给这些学生备用。虽然不是什么大鱼大肉，可是却在寒冷的冬季让孩子吃上一顿热乎乎的饭菜，心里感受到一丝关爱与温暖。初中的学生调皮、叛逆，可是我们谁也不忍心气她，反而觉得成绩不好对不起她，有一种深深的愧疚感。

虽然她不是当今社会和校园里所推崇的名师，但她却是全村300多户的"名"师；虽然她从未获得过当今学校许多班主任所得到的先进、优秀荣誉证书，但是她却得到了所有学生和家长的认可与满意。教学就是个良心活，你认真付出必定辛苦，但同时收获的却是一颗颗感恩的心。所以，那时曲老师家的院子里，总是多了许多东西，都不知道是谁送的：大到柴禾、粮食，小到蔬菜、瓜果。我想这也许就是种善因得善果吧！

有的学生数学不好，无论怎么努力就是不入门，曲老师便利用课间和自习课为我们辅导。即便这样有的学生还是没有信心而辍学，她会不厌其烦地去家访，唤醒学生求知的欲望，唤醒家长支持的力量。课堂上她会有意设置简单的问题给这些失去信心的学生，放学后再额外辅导半个多小时。我就是她激励、唤醒和鼓舞的学生之一。当时很多学生都选择考中专，但是我失败了。在她的热情感召和激励下，我勇敢地考了高中，继续我的求学梦。

和我一起离家外出读高中的十多个学生逐渐还是放弃了，就剩下我一个人，我也有些动摇了。1995年回去看望她时，她仍然坚持让我读下去，并且坚定地说未来还是要上大学，这是我改变命运的唯一出路，别无选择。从她的目光中，我读懂了希望；从她的言语中，我获得了力量和坚强。爱默生曾说："一心向着自己梦想的人，整个世界都给他让路。"就是这样，1996年夏，我考上了延边大学人文学院英语系。

正如苏格拉底说的："教育不是灌输，而是点燃火焰。"是的，曲老师点燃了我，我要像她那样投身教育，点燃更多的火焰！

记得那是大三的寒假回家看望她，那时她还在乡村教学。当时农村学校待遇不好，家长也开始重视孩子的教育问题了，一部分学生早已转入市里上学了，所以农村学校面临着并校的危险。我不解地问她："老师，这么多年了，您就没想过调到市里去吗？很多老师都想办法调走了呀！"可是她的回答很平静、很坦然，她说："如果我走了，这些学生怎么办？他们可能要到更远的学校寄宿，那也许会有更多的学生坚持不下来而辍学的。"我又问："那您不觉得辛苦吗？您不觉得委屈吗？"她说："没有，习惯了。因为我爱孩子，爱教育，我也曾经被我的老师这样激励、唤醒、鼓舞过。那时比现在还苦呢！"简单的几句话让我想起清华附小校长、著名特级教师窦桂梅的话："一个老师能走多远，她的学生就能走多远。"是的，一点没错，正是由于她及几位老师的坚持，这个有300多户的乡村中学才没有被撤销、被合并，一直坚持到今天。虽然现在全校只剩下不到100名学生，十几个老师了，但还是解决了那些没有条件和不愿寄宿学生的实际困难，其中的酸甜苦辣我想只有这些老师最清楚了。

她们的坚守不追求物质回报，她们的付出不奢望荣誉光环，她们的行为堪称农村教育的守护者。用她们的青春、热情、努力点燃了一颗颗火种。

2000年，我大学毕业，看到别的同学都在忙着找关系、找门路，要么转行，要么到市里的好学校去，我很迷惘地去看老师。老师只问了我一句话："你爱教学吗？"我说："爱！""那你喜欢乡村吗？"我回答："喜欢，喜欢这里的宁静，喜欢这里的简单。"她说那就按照自己的心去选择吧！我来到了一所乡镇中学，一干就是15年。校领导更换了三个，我还坚守在自己平凡而普通的岗位上无怨无悔。我也觉得教学就是个"良心活"，不会因为领导是否认可我，我的教学就有所不同。我始终把它看成是自己的事儿。

2012年9月，我去看望老师，没想到却是见她的最后一面。我见她气色不好，还一直干咳，问她是否病了，她说："没有，年龄大了，可能是老毛病吧！"没想到几个月后收到了她去世的噩耗，我去参加了她的葬礼。她永远地留在了乡村，留在了她热爱的那片净土。她没有遗憾，没有抱怨，默默坚守在乡村教育的讲台二十六年如一日。我忽然间明白了什么叫作奉献。伟大的含义不一定是轰轰烈烈，甚至不是众多的荣誉证书，它是对一件平凡的事情默默付出与坚守而毫无所求。她是那么的安详，几乎是微笑着离开的。她才46岁，还没有退休呢！

葬礼上，我没有落泪，可我的心却在滴血，在我人生的求学路上，她给予我的又何止是激励、唤醒和鼓舞呢！

# 虚拟网络，师恩情真

周微

　　阳光煦暖，空气里有春天浅浅的味道。北方的春天脚步是最懒的，总比其他的地方要慢半拍。春雪飘过的午后，在雪地里慢慢地走，那种惬意丝毫不比在花海间闲庭信步逊色。人在初春里走着，心在浅浅的春光里徜徉，用愉悦的心情去梳理每段经过的日子，就连一些疼痛都变得美丽了。原来人生的路上，心境是否豁然，要看带着一种什么样的心境在路上前行。我此时是愉悦的，这个浅春，我被一种快乐带来的幸福包围着！因为我遇到了您。

　　我一直想找个突破口，让自己的文章更有内涵，更有深度，而不是拘泥于风花雪月和追逐所谓的流行网文。我就像在雪里行走，突然间茫然不知所措，看不清哪里是自己的方向。也许上天早就在冥冥之中安排好让我遇到了您——我的网络恩师沁香一瓣。

　　沁香一瓣，这个笔名风格独特，一眼就让人想象雪地融化后从绿草如茵的地上忽现瓣瓣暗香。您的每一篇文章都是一朵美丽的奇葩，开在文字的花园里，散发出淡雅的清香。我一直用仰视的角度看您，不敢走近。每每看到您鼓励我的文字，都如获至宝，细细领悟。

　　有一点空闲就喜欢读您的文字，跟着您的文字旅游。常常被您笔下描写的江南雨巷、北国风光、东方明珠、宝岛台湾等美丽的景色迷住。您就是一个现代版的徐霞客！

　　有一次，我贸然地问您："我可以做您的学生吗？"您谦虚地回答："我们可以是好朋友一起交流文字！"我不甘心，一日半夜醒来突发灵感，写了几句小诗：

月色淡淡，

我摊开所有的心事，

在雪地里用热流呵成一个沁字，

三滴晶莹剔透的水吞噬悸动的心，

缓缓朝我走来，

我的心湖掠过一帘幽梦，

梦里，我在沁香的书韵里徘徊，

雨巷有你，

梅花弄堂有你，

我在缕缕墨迹寻你。

老师好，请收下我这个徒弟。

几日后，您发来飞笺，收了我这个万里之外的徒弟！

您说："写文章要有血有肉，切记不要空谈写成流水账。"这是您对我的教诲。您鼓励我：多写、多练，就熟能生巧，就会形成自己的风格，相信我一定会走上这条路，让周围的世界生花。您的这句话打消了我经常出现的顾虑，我不再想着改变自己的文风，绝不做东施效颦，坚持自己的乡土文字风格。感谢那一枚枚带着沁香的花瓣，掠过千万路，在北国和南方之间架一座金色的大桥，传递真诚的师生情！

这期间，您写下了一万三千多字的散文《薇梦儿，从音河黑土地里飞出的金凤凰》。这篇文章记载了我的写作全部过程和心路。文章一发出，在百度点击率迅速飙升，达到史无前例的热度。那段时间，只要打下"薇梦儿"或是"沁香一瓣"几个字，就能搜到这篇文章。看老师倾情写就的文章，我热泪盈眶。那眼泪有对自己走过那段艰苦岁月的回忆，更有对老师无尽的感激之情。很多文友羡慕我，说我幸运，能够得到老师的指点。我也知道，这是我的幸运，在茫茫网海，遇见恩师，得到谆谆教诲，我没有理由放弃文字梦。

您还给我邮寄了书籍，看着扉页上的简介，我才知道您是上海作家协会的会员、中国作家协会会员、中国诗歌学会会员、上海市民间文艺家协会会员。我的天，原来我拜了大作家为老师，我还一点不知道呢，从不曾听您说起一个字，由此可见您的虚怀若谷。

因为文字有了小的起色，我沉湎在诗歌的灵动和缠绵里，不能走出。老师告诉我：纯文学不是小情小爱的直白诗歌，祖国大地无限美，满眼都是诗歌。您让我写中国梦，我无从着手。就在我为难的时候，您给了我个题目《夸父追日的梦想》，让我写。您还发给我参考资料，让我详细地了解夸父追日的神话故事，还有一些关于这个故事的解析。可我还是找不到突破口，这个诗歌在我的草稿箱躺了好久。老师不厌其烦地给我讲解该如何下手，撕开那个口子，让文字源源不断地流淌出来。我断断续续地写了几句，感到很牵强。我写作很随性，一旦文思阻塞，内心的文字就写不出来。您给我一句话让我茅塞顿开："把你自己想象成追日的夸父！"在深夜，把自己变成夸父，和他一起奔跑，一起追赶太阳。写作，原来也是一个做演员的过程！做个合格的演员，会把这文字的大戏演得栩栩如生，让看客也是读者发自内心地感动。

写好了，发给您。"不好，再修改。文学来不得半点马虎啊！"您真的是一位严厉的老师！"文章要反复地推敲！"北方女子不服输，那段时间很忙碌，家里装修房子，我就把诗歌打在纸上，一有空闲就用笔圈圈点点修改。到底这首诗歌修改了多少次，我也不记得了。发给您，您又挥笔修改、完善，再加入细节来丰满诗歌，找韵律不合适的地方。从您给我的这个命题，到发稿，足足两个月。您知道我的生活环境，就算心里很着急也从不催促我。夸父的梦也承载着我的梦，飞进我爱的文学圣殿！

我不懂得文字里很多的知识性，写作就是任着思绪的野马脱缰驰骋。您告诉我，不论小说还是散文，都要经得起读者的推敲，要符合时代和环境的布局，不能让读者读着读着糊涂了。我的小说《千层底》取材一个突发奇想的立意。有一天，收拾柜子看到了以前做的棉布鞋，由此构思了一个小说。写得我自己都迷糊了，时间该定在哪个年代？主人公的身份和生活环境怎么写才能烘托故事情节？修改，不要怕麻烦！您再一次告诉我。其实我很懒，写字一气呵成，修改就会很难下手。您把一些故事详细地添加进去，使我那些干巴巴的小说情节变得丰满起来。《千层底》由原来的一万多一点字数增加到近两万字。

有时我就像是小学生一样，会不听话，比如"逃课""逃学""贪玩""不完成作业"等。但您从不客气，严厉批评我的任性，指出我的缺点和不足，声声如针刺。您说文学经不起批评就别写了，只想听别人夸奖是永远也不能进步的，那话语让我一次又一次泪湿了衣襟。有时候也会抱怨您的严厉，可是转念一想，您是为我好，才会这样批评我的呀！于是，每次我都会破涕为笑，细心地修改文章，直到满意为止。作为老师，您在文字上给我很多指导，让我懂得了心情文字和纯文学的区别。有时候您又像一位知心的朋友，鼓励我走出生活的低谷，告诉我如何在心情郁闷的时候走出去，让自己的身心在大自然里融化，深呼吸，把阴霾都统统扔进昨天，然后轻松写作。

还记得一个黄昏，下着蒙蒙的小雨，你发来信息告诉我，我们一起合写的长诗《夸父追日的梦想》参加上海作协举办的"中国梦"征文入围了，稿费正在给我寄来。那一刻，我感受到了无穷的力量和心灵的震动！那兴奋，前所未有。能在那个大赛获奖，这是我想都不敢想的事，我懂得，这一切都是老师的功劳。

自从有了老师您的帮助，我的文笔有了很大进步，在很多征文比赛上获奖。情感散文《你我的故事不说爱》在风起网《诠释你的爱》征文中获得了二等奖，杂文《婚姻的圈养和放养》获得了杂文论坛征文三等奖，诗歌《落红》在江山文学系统的诗歌大赛得了三等奖，《故乡那朵泣血的杏花》在墨韵飘香《故乡情》征文里获得了三等奖，还有很多小散文见于报刊。每次得到获奖的消息，我都会第一时间告诉您，和您分享这份喜悦，而您除了鼓励我加油，还告诫我一定不要自满，要再接再厉，才会走得更远。

有时我会想着想着自己笑出声来：一个小村子里的女子，何等的幸运，遇到点拨迷津的恩师！有人说网络是虚拟的，没有真情存在，而我不这样认为。和您相识于网络，因为文字结缘，师生真诚相对。您用高于现实生活的师恩润泽着我这棵小苗，让我在文字的大花园里汲取着阳光雨露，尽情生长，是您带着我在文字的领空自由飞翔！

# 恩师苏东水

朱永新

认识苏老师，是因为先知道他的《管理心理学》。

有一次看上海的报纸，发现上海哲学社会科学的一个重要奖项被苏东水先生的《管理心理学》获得。我研究心理学多年，怎么没有听说过苏先生？这是哪里杀出来的一匹心理学的"黑马"？后来才知道，他就是鼎鼎大名的复旦大学教授、著名经济学家苏东水先生。

一位经济学家怎么会写管理心理学的著作？他的书究竟与我们心理学家的管理心理学有什么不同？通过阅读苏老师的著作，我悄悄走进了苏老师的世界。

真正走进去，才发现这不仅是一个非常精彩的世界，更是一个非常丰富的宝藏。苏老师的研究领域非常广阔，从宏观的国民经济管理学到微观的管理心理学，从西方的经济学理论到东方的管理学思想，涉猎的学科有经济学、管理学、心理学等。同时，他还是一位热心的社会活动家，不仅为地方政府做经济发展的顾问，还创办了东亚管理学院等教育培训机构。他的学生也是三教九流，来自五湖四海，从政府高官到企业名家，从学界精英到社会名流，还有优秀的大学毕业生、研究生，几乎所有的人都以成为苏东水老师的学生而自豪，每年的东方管理学术研讨会，几乎成为苏门弟子的大聚会。以至于台湾的璩美凤也希望考到苏东水老师的门下，弄得新闻界沸沸扬扬，现在到网上查一下苏东水老师的索引，还可以看到这样的消息。

成为苏老师的学生，应该感谢颜世富博士。颜世富与我有一个共同的恩师——上海师范大学的燕国材教授。我们曾经追随燕先生研究中国古代心理学史，我比世富早许多年，自然是他的学兄。后来，他到复旦大学工作并考取苏东水老师的博士生，他的博士论文就是从心理学的角度研究东方管理问题。当时，我已经从同济大学获得管理学的博士学位，世富多次鼓动我到苏先生门下读博士后。就这样，我有幸成为苏老师弟子中的一员。

苏老师是一位具有大智慧的学者。他对于学问的把握，往往是宏观、整体的，国民经济问题，东方管理问题，一般的学者不敢问津，但他做得有声有色。管理心理学这样相对微观的问题，他也是用宏观的方法去研究，他的分析能够拥有文化、人性的角度，比心理学家的管理心理学就高了一个层次。

苏老师对学生非常关心，凡是能够帮助的事情，他一定会尽力。1999年，我主持的国家自然科学基金项目的成果《中华管理智慧——中国古代管理心理思想研究》即将出版，邀请苏老师为书写一篇序言。在那个炎热的夏天，苏老师及时寄来亲笔签名的长序。他热情洋溢地写道："阅读此书，能够从中领略五千年管理文化的苍劲与淳朴，体验古老文明活力的悠久与蓬勃，感悟古代先贤管理智慧的深邃与高远，这对现代企业管理者和管理理论研究者都具有重要的意义。"他对我们进一步的研究充满着期待与信心。

本来，我可以把《中华管理智慧》一书作为博士后的研究成果，这样就非常轻松，与苏先生研究的方向也非常吻合。但是，就在此时，我从苏州大学调任苏州市人民政府副市长的职务。苏老师建议我结合自己的工作重新写博士后的报告。因为当时苏州的工业园区和新区等开发区面临许多改革的问题，我便重新选择了以《中国开发区组织管理体制与地方政府机构改革》为研究课题，并在苏老师等复旦大学教授指导下，顺利完成了论文的写作。记得苏老师对我说："你们行政管理干部的研究，不仅要有学术意义，更应该结合自己的工作实际，对自己的工作具有指导意义。"苏老师的话，不仅对我博士后论文的选题起了重要的点拨作用，对于我日后研究教育问题，也起了非常关键的指导作用。我现在之所以能够走出象牙塔，能够与火热的教育生活紧密地融合在一起，与第一线的老师们紧密地团结在一起，与苏老师当时的教诲有密切关系。

苏老师在三十年前创建了东方管理学派，提出了"三为"思想为核心的东方管理理论体系。他努力把以中国传统管理智慧为基础的东方管理思想推向世界，与国际管理学界建立了广泛的联系。作为学生，从苏老师那里学到的不仅是知识与研究学问的方法，更重要的是学到了他不断超越自己的人生态度。

我曾经参加过苏老师的东方管理论坛，也努力走进苏老师的研究团队，终究因为行政事务缠身和工作领域不同而无法专心研究东方管理的问题。但是，我一直关注着老师的研究动态，关注师兄妹们的研究成果。我发起的新教育实验，也一直以老师的精神为榜样，在理论建构和实践探索上且思且行。

我曾经说过，好老师是学生生命中的贵人，而不是匠人。匠人只教书，不育人，贵人不但教书，而且育人。苏老师对我进行的言传身教，不是一句师恩难忘可以概括得了的，而是真切地成为我生命中的一部分。得遇良师，是人生至幸。我和苏老师的其他学生一样，都是幸运的。

# 难忘那丛紫荆花

## ——记我的启蒙老师王晓明先生

陈旭升

又到紫荆花开时，我不由得又想起王老师来。

王老师是我上小学时村小学里唯一的老师。以前，村里一直没有学校，学生上学要到七里以外的中心小学去，极不方便。后来，老支书到乡上要来了一位教师，姓张。但是仅过一年，张老师就匆匆调离，理由是学校不清净，晚上闹鬼。于是学校又停办了。

王老师是兰州移民，没有家室，独身一人过日子。老支书听到这个外来户是个高中生，高兴得连夜跑到乡上请示，特批他为村小学民办教师。从此，王老师在村小学一教就是二十年。

村小学是三年制学校，王老师既教语文又教数学，还教我们做体操、打乒乓球。总之，凡是学校里该开设的课程，只要时间能调开，他基本都教。乒乓球台是王老师用学生收集来的废木板一块一块垒到土台子上的，虽然不平整，也不规则，但是，对于一个缺少体育用品的学校来说，这无疑为学生们打造了一块课余乐园。

王老师还将山上的紫荆花移栽到校园中心的空地上，算是为学生们建了一个花园。紫荆花是本县县花，生在境内紫荆山上，早春先叶开花，花红紫色，每年 3、4 月间，紫荆花竞相开放，远望如片片红云，近闻有缕缕清香。长大后，我在《庄浪县志》上见到清代举人孙庆伯写的一首《紫荆赏花》，诗云："洛城三月四月间，紫荆花开紫荆山。红云一片天外来，俗草凡英一笔删。一山幻成花一朵，武陵仙桃娇妖娜。"我觉得孙举人写得美妙之极！

王老师操一口纯正的普通话，让所有的学生崇拜不已。王老师上课和蔼、幽默。那时候，全校几十个学生在一个教室里复式上课，王老师给一个年级讲课，往往惹得几个年级的学生哄堂大笑。总之，王老师的到来，给村子里的孩子们带来了知识，也带来了欢乐。

最吸引人的是王老师的语文课。他上课，不像现在的老师，讲究什么某某教学法，由于复式教学时间紧，他也不搞什么花架子，当然，也没有时间搞什么满堂灌。他重视预习，他给这个年级上课，就安排其他年级预习。他上课重视有感情地朗读课文，范读一遍，领读一遍，由于读得到位，稍微点拨几句，学生基本就懂了。不像现在的老师，把一篇课文分割得支离破碎了再剖析，剖析得倒是很细，但是误导也因此很多。

近几年，经常见到有关师德方面的报道，说某某老师经常背着学生过河，某某老师接送学生几十年等。我们村没有河，王老师没有背着我们过河；学校在村子中心，王老师也无需接送我们。倒是王老师因为晚上到村民家里动员孩子们上学，而经常被家长们护送回去。理由是王老师怕走夜路，怕鬼怕得厉害。我们听了不但不觉得好笑，相反，觉得他有了这个缺点，和我们的距离拉近了许多。

那时候，上学报名只需几角钱，可是许多同学家里穷，到报名时也凑不够这几角钱，王老师也不往回赶学生，而是自己先垫上，让学生慢慢交。有些学生家里实在交不上，也不见王老师催要，想来一定是他永远垫支了。

王老师很有同情心。学校有一名学生，叫黑蛋，是地主家的后代，因为家庭成分问题，上学较同龄人迟三四年。上学后，同学们不懂事，还经常欺负他，骂他"老地主，剥削人"。黑蛋很孤独。王老师同情他，并经常做同学们的工作，叫同学们关心他，不要歧视他。有一次，一个学生正在欺负黑蛋，我们早已见怪不怪了，王老师碰见了，显得很生气，抓住那个学生大骂了一通，还不解气，又罚他写检讨。这是我们见到的王老师发脾气发得最厉害的一次。我们那时不明白，他为什么会为一个地主的后代大发雷霆。后来，我终于明白了，这才是真正的关爱，因为那时是黑蛋的人生中最困难的时候；后来，我经常见黑蛋抢着去山脚下为王老师提水，我也明白了，这就叫感激。

几十年来，我参加过的大大小小的捐款捐物活动数也数不清，但是，王老师为村小学里的小芳同学组织的一次捐馍馍活动却让我牢记了30年。

小芳是我的同学，她的父亲病逝，母亲改嫁，小芳靠爷爷抚养。由于劳力少，小芳和爷爷经常吃了上顿没下顿。王老师就在同学们当中搞了一次捐馍馍活动。那时候，家家食不果腹，但同学们还是积极响应了王老师的号召，捐来了许多馍馍。一时间，桌子上摆了一大堆各种各样的馍馍，最完整的一个是王老师捐的玉米面饼，和我们的一样，粗糙且不规则。我记得小芳当时哭了，这肯定是她见过的最好的馍馍。这些馍馍也许并不能改变小芳家的拮据状况，但是，一位有同情心的老师的影子却永远印在了学生们的心中。

后来，民办教师都一个个转正了，但是王老师因为病逝，没有等到这一天。他当了一辈子民办教师。王老师病逝后，因无家室，乡亲们凑钱埋葬了他老人家。毕竟，村上的大多数人是他的学生。

王老师的坟墓在村上的集体坟地里。直到现在，乡亲们上坟扫墓时，大人们总会指着那个孤零零的坟堆，对孩子们说："这是我的启蒙老师王老师的坟，咱们给他老人家也叩个头。"

又逢三月四月间，正是紫荆花开时。王老师永远离我们而去了，但是村小学校园里的那簇紫荆花却更加枝繁叶茂、芬芳烂漫。

当一年一度的紫荆花"红云一片天外来、缕缕清韵扑鼻香"的时候，我不由得又想起恩师王老师来。

# 吾师如斯，吾爱吾师

张云杰

　　说起我的师父于永正先生，大家都叫他大师。师父每听到大家这样称呼，总会微笑着连连摆手，"不，不，我是小学语文老师"。

　　从 2008 年拜师到现在，和师父见面并不多，但每次见面，他都给我太多的震撼，他的思想、他的课堂都有新的变化。唯一不变的是，从他的身上真的难觅"大师"的影子，笑眯眯的眼神、和蔼可亲的态度、幽默风趣的谈吐，让人很难和"全国著名特级教师"的光环联系在一起。细细想来，师父留给我的都是小小的细节，如泥土一样的朴实，如小溪一般的活泼。

　　师父教我写字，写好每一个笔画。

　　很多老师听师父的课，最难忘的是师父教孩子们写字时的一丝不苟。轻轻地蹲下身，高高地举起手，横平竖直，一丝不苟，边写边指导："圆"要写得潇洒一点；"的"上齐下不齐；"毁"要注意笔顺；"灭"上面的一横要长一点。这标志性的动作、准确到位的指导成了成千上万语文教师模仿学习的范例。

　　对学生如此，对徒弟也是如此。那次，师父看了我们学校老师的粉笔字展示，在一位"郭"姓老师的小黑板前停了下来，他回过身，轻声地问："小张，这'郭'字中的'右耳'该怎么写？'左耳'和'右耳'在写法上有区别吗？"我听了一愣：这还有区别？师父接着说："找一些书法作品看看，你会发现它们的差别……"晚上，我找来几本字帖，仔细来看，的确，这小小的耳朵里藏着不少秘密呢！左耳旁为垂露竖，右耳旁为悬针竖，耳朵部分的写法为横折撇后写一向右下斜的斜钩，竖画的长度为耳朵里一半，耳朵外一半。有些书法家在写"左耳"时，经常写成类似数学中的3的形状。看到这里，我恍然大悟，为什么师父在课堂上教生字得心应手，这源于他对汉字的研究，对书法的领悟。

师父教我读书，读好每个句子。

师父结束了在济南的活动，坐了一下午汽车来到青州，到宾馆休息时已经接近晚上九点了。因为明天我要执教《自己的花是让别人看的》这篇课文，想让师父帮自己看看课，但又担心师父太累了，颇有些难为情地悄悄问师父。

"师父，我想……我想让您帮我看看明天的课……"

"好！来吧！"师父答应得那样干脆，完全出乎我的预料。

我蹑手蹑脚地跟师父走进了房间，心中依然忐忑。

"小张，说说你上课的思路吧！"

我答应一声，吞吞吐吐地叙说自己的上课思路，师父边听边点点头，还不时默默念诵几句，有时也会伸出手指在手心上写写我要讲的生字。

听完了我的叙述，师父说："思路还可以，你读读课文吧！"

为了突出朗读教学，备课时我对课文朗读是很下了一番功夫的，其中描写"奇丽"的段落我早已背熟，听师父这么一说，我就把这段话"声情并茂"地背了出来。

师父听后，轻轻摇摇头，"来，你跟我读，'走过任何一条街'像说话一样自然，你读！"

"走过任何一条街"，我轻轻地跟着师父读起来。

"抬头向上看，'上'要重读……"

"'花团锦簇、姹紫嫣红'这些四字词语要抑扬顿挫地读……"

"'花的海洋'要面带微笑……"

"'自己的花是让别人看的'，'自己'和'别人'是对比重音……"

就如教授一个刚开始学读书的孩子，师父一句一句地教我读完了整个段落，字字句句那样认真而清晰，我的眼圈儿有些湿润了，我一边跟读一边不停地推推鼻梁上的眼镜，趁机擦去眼角的泪花。

读完课文，师父凝神想了一会儿，"小张，你回去自己再琢磨琢磨，争取把课文读好！"我不住地点头，内心涌上一股暖流……

走出师父的房间，走进电梯，空无一人的电梯间里，我再也忍不住自己的泪水。是感激？是惭愧？七十多岁的师父，不顾旅途的辛劳，像辅导小学生一样教我读书；我曾经痴狂地认为，自己的朗读够好了，但听听师父读课文，那才是一种享受。

师父教我写作，写生活中的点滴感悟。

我曾多次听过师父的作文课，总觉得再胆怯再拘谨的学生，只要进了师父的课堂就变得活跃起来，说话惟妙惟肖，行文笔下生花。师父究竟使用了什么"魔法"将学生思维一次次激活，使学生一吐为快、畅所欲言呢？陶行知先生说："千教万教教做真人。"求真离不开生活，离不开真实的情感。师父总是让学生在头脑中再现生活，认识生活，表述生活，而这一过程又使学生不知不觉地融入浓浓的情感氛围之中，畅所欲言，以至达到"我手写我心"的境界。教学生写作文如此，教我写文章，师父何尝不是润物无声？

那次随行的车上，师父上午刚刚做完一场报告，一脸的倦容，他顾不上休息，边走边和我聊天。突然，他侧过身子，问："小张，最近有什么好的文章没有？"我张张嘴，欲言又止，因为我实在无言以对。

前一年在潍坊相见，师父曾经鼓励我要多写作、多练笔。他说写作是思考的过程，对提高自身素质很有好处。两年过去了，我写了些文章，但不过寥寥数篇。今年3月，我写的《寻觅语文课堂的真实》在《山东教育》发表，我便很是高兴了一阵，这几个月，竟然一篇文章没写，听到师父这样一问，额头上渗出了汗珠，慌忙敷衍几句，绕到别的话题上去了。

是啊，看看师父，到处上课讲学，足迹遍布全国，直到今天，还经常在报纸杂志上见到他的文章，师父可谓誉满华夏，但他没有躺在"五重教学法"的功劳簿上，没有以全国特级教师的称号自居，他的课堂不断出新，他的文章、他的思想不断站在课改的最前沿。思考不停，写作不止，师父用行动告诉我：写作是语文老师终身的功课。想着想着，我的眼前，仿佛出现了师父伏案写作的情景……

大音希声，大象无形。想起师父，想起的总是一堆细节，散发着泥土的气息，它让你无法忘记，你是一名小学语文教师，要贴着地面行走，不在云端里跳舞。写好字、读好书、做好文章，做语文应该做好的最基本的事，坚持做下去，寻找语文的本真。

吾师如斯，吾爱吾师。

贰

大学生组征文选编

# 老 狼

刘萌

今年冬天来得太快，叶子还没来得及和树告别，就被一夜寒风给吹得一干二净，只留下光秃秃的枝干在风的摇曳中吱呀作响，就像车站要分别的恋人，还没好好亲吻，就被拥挤的人潮推开，令人猝不及防。夜幕缓缓降下，窗外飘起了雪花，轻盈地扑打在玻璃上，像在挑逗屋内燥热的空气，经不住诱惑的它们争先恐后地向窗外涌去，却撞到冰冷的玻璃，聚集在一起，凝结成了窗花，永远定格在那一瞬间。透过这一片晶莹，我陷入了回忆。

北方的冬天向来很冷，夜长昼短，六点的天空还淹没在一片黑暗之中，住宅区里的居民也都沉浸在梦中，唯有校园中跃动的点点身影显出黎明的征兆。我早已到达操场，和宿舍几个哥们儿凑在一起，打着长长的哈欠，裹紧身子，双手交叉抱在胸前，搓打着胳膊，一只手还时不时地抽出来轻拍下嘴巴，两条紧闭的小腿紧凑而有力地跺着地面，踢踏出"嗒嗒嗒"的声音。一股浓重的烟味传来，将现有的格局打乱，大家停止一切躁动，纷纷站好队，安静得甚至连彼此的呼吸声都能听到；伴随烟味而来的，还有那特有的咳嗽声。这咳嗽声是一种警报或者象征——老狼来了！

老狼是我的班主任，五十多岁，中等个子，一头密密的短发，长方形的脸上长着两条厚厚的眉毛，双眼炯炯有神，高鼻梁上架着一副大眼镜，厚厚的嘴唇被密集的胡子包围着，粗壮的脖子下是宽阔的肩膀和结实的身体。大学毕业后，为响应国家支援西部教育的号召，他去山区支教了两年，后来被分到家乡任教，至今已有三十多年了。老狼左腿有点瘸，据说是在支教时，为救一个学生，不小心滑下山崖，被滚落的石头砸中了，幸亏医治及时才没有残废，但仍留下了后遗症，走起路来一瘸一拐的，颇有点喜剧性的味道。我没少在背后学老狼走路的姿势，把同学逗得哈哈大笑。也因这条腿，老狼一直没娶到媳妇，年轻时家人帮他安排过多次相亲，都因为"瘸腿"被对方拒绝了，后来时间长了，老狼也不找了，"我一个人过得也挺好的，有这帮学生陪着我，一点也不孤单。"老狼常自我安慰说。后来学校给每位教职工分了一套家属房，老狼为了不想父母每次看到他都因婚事而烦心，就索性从家里搬了出来，老狼说："反正家属院离学校近，我上下班也方便嘛。"

我们整齐地排好队，一动不动。远处缓缓走来一个"高低错落"的身影，在大约十米距离的时候，老狼立住了脚，身体往右倾了倾，将重心靠右，给左边的瘸腿减轻点压力，使劲嘬了口指间的香烟，猛地甩在地上用脚拧了拧。一阵寒风袭来，从老狼敞开的上衣领里灌进去，冻得他打了个激灵，赶紧用手拢了拢领口，大衣最上方的扣子也不知道什么时候被弄掉了，风嗖嗖地往里进。

"刘萌，你是怎么站队的，把你的手给我从口袋里掏出来。"老狼刚走到班级队伍前就发现了我的小动作，盯着我怒斥道。"还真是老奸巨猾的狼啊！我站这么远都能看到。"我心里暗骂道，手慢慢掏了出来。时间到了，学校广播里发出统一的口令："立定，跑步——走。"

老狼教语文，学校规定，每周早自习一三五读语文，二四六读英语，没有课的老师早上可以不来。但老狼每天都来，而且好像看透了大家心思："你们这帮小崽子，别想着偷懒，我每天早上都来，看你们哪个敢旷课，敢睡觉！"他说话时，眼珠子瞪得圆圆的，嘴巴张得大大的，唾沫星子飞出好远，好像要把全班学生吃了似的。为了对抗老狼的"暴力统治"，我和同学们仔细研究了老狼的"出没"规律，制定了一套"防狼术"。每天早自习时，教室前后门口和各个窗户旁各安插一人负责警戒，其他人休息，一旦有"敌情"出现，就用"狼嚎"传达，这声音也是为老狼独创的。

起初效果不错，每次"狼"来之前都有人嚎叫警示，他一到，大家立刻精神抖擞地背书，一离开就接着睡。有句话叫：道高一尺，魔高一丈，没几天，这小伎俩就被老狼发现了，把他气得直跺脚，冲着全班大吼："好呀，你们一个个，不知道好好学习，全把心思放这上面了！说，谁是主谋？"全班屏着呼吸，大气不敢喘一声。见没人认错，老狼更急了："刘萌，你给我出来，到门口罚站去！什么时候知道错了什么时候再回来！"因为太激动，老狼的眼镜都跳离了原来的位置。全班人都傻了，我也愣了，肯定没人告密，但老狼又是怎么知道的？没工夫容我细想就被他揪了出去，享受"特殊待遇"去了。

我是班里出了名的捣蛋鬼，人虽然聪明，就是不爱学习，净和老狼对着干。有次，我为了"报复"老狼，故意在教室门口地板上洒了点水，天气冷，不一会儿就结了冰。等老狼上课进来，他"啪"地一下就摔倒了，整个人来了个仰面朝天，闪了腰，请了半个月病假。令人诧异的是，老狼那次很大度，竟然没有追究此事。

有次早自习，天异常冷，外面突然下起了大雪，早操也暂停了。我坐在教室里，身体蜷缩着，头栽在桌子上，嘴唇干裂，头顶上大量虚汗往外冒，浑身直哆嗦。老狼照常来查岗，发现了我的异样。

"刘萌，你怎么了？是不是生病了？"老狼关切地问。

"我也不知道，估计是昨天没盖好被子着凉了。"我有些无力地说。

"啊，怎么这么烫！"老狼伸手过来摸我的额头，"快走，我带你上医院去。"

"不用不用，我一会儿就好了。"老狼不由我抵抗，就让其他同学把我放到了他的背上。

外面很冷，风很大，老狼把自己外套脱下来披在我身上，重重的，我前胸贴着他后背，暖暖的。雪越下越大，扑簌扑簌地往身上掉，仿佛是故意要和我作对。这个时间点，诊所还没有开门，医院又太远，路上没有出租车，连行人也少得可怜，最近的诊所离学校也有一千多米。

老狼没时间想太多，背着我就往诊所走，一瘸一拐的，颠得我左右摇晃，像在荡秋千，又像在做梦。我迷迷瞪瞪的，嘴里胡乱地哼着，双手像抓救命稻草似的，紧紧拴住老狼的脖子，仿佛一松手我就会死；头也晕晕的，额上冷汗直冒，汗水浸湿了衣服，黏黏的，将老狼的后背弄湿了一大片。老狼大口喘着粗气，呼哧呼哧的，声音像极了村口那头老黄牛；他每走几步就稍微缓一缓，毕竟五十多岁的人，背着我这个百十来斤的大小伙子，可是个重体力活。我意识渐渐地模糊，只能听见老狼的喘息声和自己的呻吟声。老狼走得热出汗来，热气往上冒，刺激着我的嗅觉，那味道很熟悉，咸咸的、浓浓的，带着股烟草味儿。是什么味道呢？我潜意识里一直思索着，脑中突然闪过一个人的身影——我的父亲。对！是父亲，不仅这味道，这宽厚的肩膀，这粗壮的胳膊，这稳重的步伐，还有这踏实的感觉，都和父亲一模一样。我的意识再也撑不住，眼皮重重地落下，在"父亲"的背上沉沉睡去。

我不知道何时到的诊所，也不知道老狼挨了多少骂才敲开诊所的门。当我醒来的时候，只发现扎在自己手背上的针头和趴在床边熟睡的老狼。这是我第一次这么近距离看老狼，他浓密的黑发中已经长出了白发，脸上的皱纹里藏着黑色的污垢，常年戴的眼镜框在侧脸勒出一道深深的沟，浓密胡子中间的厚嘴唇里不知在说着什么梦语。看着这些，有颗水晶从我的眼角滑落。

多年以后，我脑中经常浮现这样一个画面：在一个大雪纷飞的清晨，一个年过半百的老人，背着一个孩子匆匆走在寂静无声的街道上，像是去赴一场神秘的约会。

窗外的雪越下越大，现在已是夜里十点了，老狼这会儿估计又该出发了吧？老狼每天晚上睡前都必须去一趟学生宿舍，用他的话说："我不看你们这帮小崽子都睡着了，我睡不踏实！"

我的视线变得模糊起来，透过窗户，隐隐约约看到一个身影走在茫茫的黑夜里，一瘸一拐的，渐行渐远……

# 我的老师李国文

冯晓玉

　　我所要说的李国文不是那个以小说享誉文坛，写散文、随笔"一泻千里"的文学大家，而是一个用满腔的激情与热血培育出桃李满园的老头子。

　　李国文，其实就是教我们语文的班主任，我们都称他为"老班"。

　　"老李"是我们对老班李国文的"俗称"，这并不是说老李的年纪有多大，他的儿子只比我们小一届，算起来，老李和我们父亲的岁数相差无几。班里支持老李，站在阵营里为他摇旗呐喊的尊称他为"李老"，颇有对阁老的尊敬之意，而不少与老李针锋相对、立场不合之众则直呼其名，用他们的解释说，没有不尊敬，名字就是用来叫的。当然，班中同胞大多属于中间派，"老李"也就成了夹心派们称呼老班的专有名词。

　　尽管这名号是大众的意思，但老李似乎并不满意，总认为自己被我们叫老了，尤其当他感到记忆力明显衰退，或是白头发从头顶簌簌飘落的时候，就更坚定了这个想法。在冥思苦想了几昼夜后，老李在一次语文课上庄严宣布：罢免"老李"这个罪恶的称呼！不过对制造这个称呼的"万恶之源"们实行网开一面的原则，从此要称呼"阿文"或"文哥"以将功补过。据说，这是根据《上海滩》中人称许文强为"强哥"而引发的灵感。可事后，当老李发现自己的记忆力还是"飞流直下三千尺"，白头发依旧"千树万树梨花开"时，郁闷了，不知是新的称呼也压不住这个邪，还是我们"阳奉阴违"，偷用禁称"老李"。老李无语，也只能苦笑着摇摇头，埋头批他的作业去了。

　　老李个头不高，身材呈横向发展，略微发福的肚子朝外挺着，大概装着不少墨水。老李的相貌在大街上要抓就是一把，要说惹人注意，就数那双藏在眼镜下闪着亮光的眼睛，若是你冷不防被他盯上了，最好把最近所犯"罪行"——招来，坦白从严，抗拒更严啊！据说这双比火眼金睛还贼还亮的眼睛监考时更是发挥得淋漓尽致。你觉得他正盯着你时，其实他在打量别处；而当你觉得他没注意你时，那冷森森的目光还是不知从哪里射来，令你浑身起鸡皮疙瘩。

不过这双眼睛也有"温柔"的时候，而且大部分时间都处于"温柔"的状态中。正如老李常无比自豪地自我陶醉道：我很丑，但是我很温柔。

老李的温柔大都表现在对女生的态度上，也许是因膝下无女，老李对女生有说不出的偏爱，在学习和生活上更是倾力相助，继而引起了班里男同胞们的强烈不满。身在文科班，处于这么个"阴盛阳衰"的"颠倒"年代，心里本就憋屈得很，现在就连老班都不挺他们，更感觉备受歧视。可无论他们成立"四强"还是搞什么"联盟"，我们知道大家在心里最深最深的那个地方还是爱着这个班，爱着班里的每一个人。

老李的相貌虽平常无奇，却有着世人少有的特异功能——杀毒。这个版本可比什么瑞星、金山、360软件强多了。那次，全班集体欣赏大合唱的照片，无意间淘出一张老李的旧照，老李老脸一红，急着要删掉，S君赶忙阻止，"一本正经"道：可以杀毒的……班里先是安静了几秒，随后大家反应过来，发出了可与火山喷发相媲美的爆笑。呵呵，只是不知道现在班里还有多少人仍把老李的照片摆在桌面上杀毒。

都说新官上任三把火，老李接手文科班，自然也要烧上一把。不过老李的火可不简单，那是太上老君八卦炉里炼丹用的三昧真火，而且点火的消息还以迅雷不及掩耳之势蔓延至全校，这就是著名的"牛仔裤事件"。

文科班美女如云，老李最担心的就是自家的"闺女"被隔壁班的"坏小子"们盯上，为了把这罪恶的苗头扼杀在摇篮里，老李颁布禁令：杜绝牛仔裤！原因很简单，就是怕可爱的牛仔裤裹着修长的美腿会招来喷血的目光！我们当然不会就此屈服，虽没有"省港大罢工"的声势浩大，但也"震惊"了全校。集体攻势失败，我们又采取车轮战术，以文科班女生特有的三寸不烂之舌分批游说老李。可有什么样的徒弟就有什么样的师傅，对我们的死缠烂打老李见招拆招，似乎还乐此不疲。这让我们伤透了脑筋，但是，谁让我们是战不死、打不倒的金刚小强呢！我们没有放弃任何一个为自己讨回公道的机会。一次，老李在课上与我们为一个字的读音发生了分歧，老李无比自信地拍着胸脯说自己的答案肯定对。W君眉头一皱，计上心来，出主意道：如果我们是对的，就要恢复穿牛仔裤的自由！不错！周围的赞同声不绝于耳。老李看了看鬼精灵的我们，然后一乐：呵呵，不行！查字典！最后谁对谁错我已经记不清了，但对老李在寡不敌众的情况下还以少胜多的能力却记忆犹新，这在历史上也能留下浓墨重彩的一笔吧！

随着高考的临近，我们的心思也不全在牛仔裤上了，但双方的胶着状态仍从刚入班持续到了高考前。也许若干年后，我对老李别的记忆会渐渐淡忘，但牛仔裤事件却烙在了心底。

老李的第一把火把我们烧得片甲不留，为了安抚我们的心绪，这第二把火自然也要使些怀柔政策。

新年将至，没参与什么文娱活动的高三学子们可不会就此放了老李。在我们大伙儿的"苦苦哀求"下，老李脚一跺，牙一咬，决定豁出去了，要一展歌喉，要说唱了几首，那是唬人的，都只开了个头，便草草收尾了。真正震撼的大腕都是最后一个出场压轴的，那一声《兰花花》，在座的同胞们恐怕终生难忘，因为那一阵阵"雷鸣般"的掌声证明了这一切。这歌声，着实令我们有种返璞归真的感觉，可不是，打这儿往上刨三代，咱哪个不是农村人？

不光歌声是震撼级的，老李对自己的幽默感也相当自信。老李曾讲过这样一则笑话：有一个人在路上走着，乐呵呵的，哼着小曲，这时，另有一人从旁经过，对他说："猪！"那人一听，火冒三丈，吼道："你才是猪！"话音刚落，迎面撞上一头猪。说完后，老李满怀期待地看着我们的反应，不负他的期望，在我们相互对视并愣了几秒后，有人先是发出"呵呵"的轻微笑声，然后是"哈哈"大笑，最后终于爆发出惊天地泣鬼神的狂笑和拍手声，叫好声不绝于耳啊！据说，老李靠这个笑话撑了大半辈子的，不知我们震耳欲聋的笑声是不是摧倒了老李的精神防线。

虽说老李总在生活上跟我们折腾，但这第三把火怎么说也烧到了学习上。

随便提一个我们班的同胞出来，没有谁不知道老李那句著名的口头禅："没你啥事儿！"这句通俗易懂又朗朗上口的大同方言被我们广泛应用到现代文阅读中，这是老李为防止我们这帮文科生感情用事，容易与文中主人公一起深陷其中而百般提炼出的一句话。老李教学的精髓，不知是否都放在了这句话上。

　　老李虽教语文，但发音水平却是有耳共听的，常惹得我们啼笑皆非。老李也不介意，大手一挥，继续讲他的课去了。

　　老李是我们的老班不错，但其"懒"的程度可见一斑，最大的懒莫过于上课不写板书。在一番自我陶醉的滔滔不绝之后，望着笔记本上空空如也的我们，只得提起笔在黑板上龙飞凤舞几下，免不了要遭到我们的集体抗议。老李没法，只得乖乖地写板书，可是没几天，便又恢复了"本性"。没办法，也只能随他去了。

　　老李对我们的不成器常常"痛心疾首"，每次考试过后，他都会埋怨我们不像他的兵。为了提高我们的文学素养，老李的妙招之一是摘抄，《时间说》《未来说》哲理浓厚，令人深思；《秋颂》《落叶》文笔婉转，美不胜收；《星》的生动比喻，《别》的形象排比，《我相信》激昂的《青春》会因《人生如箭》而飞《奔》，《我不相信》人们会将对《袁崇焕》的《记忆》遗忘，《我喜欢》《听夜》的璀璨与美妙，然后在《梦里飞花逐流水》……现在回头看着这一沓厚厚的珍藏，对当时叫苦不迭却换来而今的收获感到阵阵喜悦。

　　这就是我们的老李，一个出世自称"云中一鹤"——仙风道骨、不问世事，入世却与我们嬉笑怒骂、打成一片，童心未泯的老头子。

　　不管过去我们和老李有过什么摩擦、磕碰，或是争吵，那都已经不重要了。怀旧本就是一件美好的事，回忆过去的点点滴滴，犹如品一盏淳美的香茗，穿越氤氲的雾气，回味在久远的记忆中……

# 做人的底线

余虎

## 一

现在想起，他理着平头，爱说笑话。

他说笑话时，会冷着脸，十分认真，等说完，我们哈哈大笑，他也跟着大笑。讲生命平等时，他说："想想，人对其他生物公平吗？三四人一块儿，光天化日众目睽睽之下，将猪抬起来摁在案上，白刀子进红刀子出。这样的事，从无人管。"

大家听罢，大笑。

他又说："如果三四头猪摁着个人，光天化日之下，做出如此动作，一定会惊天动地，得到枪弹伺候的。"

我们听了，笑趴下了。

他还觉得不到位，进一步推展，"人与猴是近亲，可人经常用鞭打猴，让演戏，细论起来，人不是在看猴戏，是在看自己表哥演戏"。

有女生笑得揉着肚子，哎哟哎哟地叫。

事情虽已过去很久，可是，这些笑话我仍清楚记得。对于动物与生命，也有了进一步的认识。

## 二

他写文章，各种报刊上发表。我们考试题中，常常会出现他的文章。其中有篇文章叫《知音》，后面的题不懂，我们问他，他一笑，说自己也不会。

我们问："不是你的文章吗？"

他说："我写时，没想到这些啊！"

他的另一篇文章叫《水》。考题中问，文章为什么叫"水"。我们问他，他更是回答不出来。我们不信，怎么会呢？他很惭愧地解释："这篇文章，投稿时并不叫这题目，投稿后编辑给改的。"

作文课上，评讲结束，他会将自己最近构思的一篇小说说出来，告诉我们："小说有两个结尾，他都觉得好，一时不能确定用哪个。"我们顿时兴奋起来道："说出来，我们帮你选。"

他一笑道："好啊！"

他将两个结尾说出来，我们给他选定一个，并分析原因。他如学生一样，连连点头道："有道理。"

我们说："帮忙得有报酬，给糖！"

他一笑，第二天提了袋糖来送给全班同学，以示谢意。

不久，在刊物上，我们看到了这篇文章，果然是我们建议的结尾。我们很得意，他也很高兴，告诉我们："这说明同学们是不愿动笔罢了，如果动笔，一定比我写得好！"

因为这个原因，我们提起笔，爱上了作文。


## 三

他的书出版，他会拿几本，请大家指正！班长拿着，同学们要看去借。有时，拿了书，我们会从中找出些瑕疵。他愣了会儿，长叹一声："不愧是特快班的同学，了不起！"

我们听了，一脸阳光。

也因此，我们班语文成绩一直处于年级第一，连过去经常带高三的教师也长叹，说文科班语文从未考过理科班，因为，文科班学生思维逻辑性不如理科班的，现在，这个文科班打破了历史纪录。

他听了，得意地告诉了我们："这是你们努力的结果。"

大家纷纷鼓掌。

他一笑，自夸一句："这也是我努力的结果。"

一次，他分析爱情诗，讲着讲着，我们告诉他，我们班有个女生喜欢语文学习委员。他愣了一下，望望那位满脸羞红的女生，一笑道："我也喜爱语文学习委员啊，因为他很可爱啊！"

大家一听，都"哦"了一声。

事后，听说他写了张条子送给那个女生。我们私下传着一看，只见上面写道：心中爱着，且莫说破，如月映石，如水无波。

后来，这个女生高考六百多分，这个男生考得更好！不知道他们现在恋爱没有，不知道他们还记得这句话不？

这句话，我一直记得。

# 四

我们走后，听说他去教了高一，教的是慢班。

我们建了个 QQ 群，从一同学那儿得到信息，十分不满。因为，以这所学校惯有规则，教得好的教师应留在高三做把关教师。当然，如果高三教师数满，也可以到高一带快班。

他竟然一样都没占住。

我们愤愤不平，在群中议论着。那个发布信息的同学家长就是该校教师，知道内情。该生又说，每个年级都有个教导副主任管着年级人事，想留高三，或想带快班，都要提前和年级领导搞好关系，打声招呼。那个同学得出结论，我们的语文老师不会，傻。

我们在 QQ 上问他是不是这样！他不说话，默认了。我们说："你怎么不对领导说一下啊？"

他说："带什么班不都是带吗？"

他说："慢班学生不是学生啊？"

可是，从他的话中，我们仍看出他心中的不快，因为，他也是红尘中人，也有好胜心啊！但是，我们知道，他终究不会为这事去求人的。

因为，他曾说过一句话："读书干什么？就是做人。"

他还说："如果做人肮脏，读书又干什么？"

# 思念，不曾老去

袁亚静

　　翻看旧时的笔记本，看到不知何时记下的几行字：怀念一个地方，是因为那里有值得怀念的人。一段思念，围绕着一个人，弥漫了所有那个人所生活过、所走过的地方。所以，有人会喜欢到老地方走一走，只是为了不让那段思念老去。

　　也许是因为老师已经故去，能让我徘徊着思念着的只有村里那个废弃的小学，那是唯一可以用来祭奠恩师的地方，也是我唯独不想忘记的地方。长大后，每次回到往日的校园，抚摸着刻满了沧桑的书桌，恍惚间，仿佛还能在一抬头时看到那个在讲台上伏案批改作业的身影，维持着那么认真恒久的姿势，以至于过去这么久了，都还会产生"当年人还在，只是物已非"的错觉。

　　那时的老师已经人到中年，发间的灰白和脸上隐约的皱纹掩去了几分老师的严厉，反而带着一种长者的智慧和慈祥。记忆中老师上课的场景已经模糊了，只是记得有一次学校的孩子都得了一种奇怪的病，患病的人两边脸都肿了，还会传染给别人，后来长大了才知道那叫作流行性腮腺炎。因为怕传染，上课的孩子都有些恐慌，大抵对于病痛还是有惧怕的。老师就拿毛笔在每个患病的孩子脸颊肿起的地方画一只小鸡，告诉他们疼的时候是因为小鸡在啄食，等它吃饱了就不疼了。小孩子觉得很好玩，还互相比一比谁的小鸡画得好看，以至于没得病的我们也都凑到老师跟前，求老师为我们画一只。老师看了我们一圈儿，把当时外号叫"黑炭"的盼来牵过去，在他额头几笔勾出一轮弯弯的月牙儿，然后老师看着他点点头，说："呦，这不是大名鼎鼎的包青天包大人吗？快让展昭去帮我把那个偷墨水的小鬼儿抓回来！"惹得一圈儿小孩儿哈哈大笑，病痛的恐慌似乎也就在笑闹中冲淡了。

相比较现在的小孩，我很为自己感到庆幸，在那个没有手机没有各种玩具的时候，我们有一位知识渊博的老师陪伴着。那时我们没有做不完的作业，还会有大课间可以去操场玩耍，老师就坐在台阶上看着我们玩。下午放学早，我们一群孩子就围着老师叽叽喳喳地说话，磨着老师聊天讲故事，老师也总是不嫌麻烦地陪着我们聊天，即使是回家，也要簇拥着老师一路走一路笑，一路说一路闹，这时候的他更像一位长辈，温和地宽容了小孩子的调皮和玩闹。放学后的校园里只有阵阵晚风在逗留，老师温润的声音散在风里，带有那个年纪特有的沧桑，牵引着懵懂的我们去触摸文学的大门。也是从那时起，我逐渐地对文学感兴趣，回家经常抱着从爸爸的书箱里翻来的一本《水浒传》，一点一点费力地读，并且乐在其中。

大概三年级时，"非典"席卷全国，学校也停了课。老师将我们班一群孩子按住处分成几组进行小组学习，由组长按时到学校领取每周的作业。一次我心血来潮用红色硬塑料板做了一个心形的祝福卡片送给了老师，后来我们又回到教室上课时，我看到那个红色的卡片挂在他办公室的窗前，心里莫名的有些惊喜。那之后，每次老师看到我，都会摸摸我的头，眼里泛着笑意。

常年劳累，加上年纪的原因，老师在我们六年级时几次因病不能上课。校长劝老师退休回家，休养身体，老师只说将我们毕业班送走就不再教了，之后就很少让人代课。在班里停留的时间越来越多，自习课的时候，总能看到他在窗外默默地站着，望着那个狭小的讲台，眼里闪过不舍和留恋。六年级的最后一天，老师在班里开了一次班会，说的每一句话都很轻很缓慢，看每一个学生时都很认真，一边说着，一边在教室里走动，摸摸每个孩子的头，叮嘱几个调皮的孩子以后要认真对待学习，不能再大大咧咧的了，之后就沉默着离开了教室，夕阳的余光将他的身影拉得很长很长，一点一点地离开了讲台，消失在门外。虽然我那时还不懂得如何去表达那份舍不得的感情，但是看着老师默然离开的背影，眼睛也有些微热，转头看到同桌在悄悄地抹眼泪。

小学毕业之后我去了城里读初中和高中，很少回家，只有过年的时候会和同学一起去老师家里拜年，老师就会很高兴，翻出小学时的毕业相册来看，听着我们讲小时候的各种糗事，摸着相册里那些稚嫩的脸庞微笑，然后细细地问我们学习的近况，叮嘱我们好好学习。

收到师范大学录取通知书的那天，我打电话给老师，听得出电话那边的老师很高兴，他还嘱咐我过年的时候一定要去他家里，给他讲讲大学里的生活。只是我没等到春节放假，就从电话里收到老师患骨癌去世的消息，距离最后一次跟老师通电话才两三个月而已。老师就那么突然地离开了，连一个告别的仪式都没有。

那个春节，第一次没有去老师的家里，不敢去，怕看到老师生活过的地方会忍不住红了眼眶，也不想再去勾起师母伤心的回忆。我们几个人一起回到了那个小学，坐在老师经常坐的那个台阶上，轮流讲各自的大学生活，就像以前过年时在老师家里一样。我们想用这种方式跟老师告别，也相信老师一定会听得到我们的思念。

小学到大学十几年，我遇到过很多优秀的老师，可是唯独对这位故去的老师，有牵扯不断也不愿意去放开的思念。童年的记忆被时间像筛子一样甩出去很多无意义的玩乐，只有老师的音容依然清晰。每次春节放假都会去那个小学转一圈，坐在台阶上仿佛还能听到老师回荡在空气里的声音，"来来，我跟你们讲三国里那个猛张飞……"。在我们只能用满世界疯跑来打发时间的时候，是他带给我们不一样的快乐，一点一滴地播撒知识和希望。是他陪伴在我们最单纯的年月里，看着我们成长，也守护着一个个稚嫩的梦想，在我们逐梦的路上，有他关切慈爱的目光。

原想等我毕业，一定要再跟老师聊聊天，听听老人多年的教学心得，让他看一看他的学生终于可以拾起他手中的接力棒继续传递希望了，我一直在想象当他老人家看到我以一个老师的身份站在他面前时眼里很惊喜的模样。可是我忘记了，没有人可以在命运面前讲条件。我想有一天可以和老师细细诉说将来学校的趣闻琐事，却在等待中永远错过了最后的告别。而那个为乡村小学付出了三十余载光阴的老人，就以伏案备课的姿势定格在泛黄的记忆里，不曾忘却，不会老去。

# 老钟的笔

丛钰文

老钟即营口高中闻名遐迩的"怪才"钟旅安老师。当着老师的面，自然叫他钟老师最好。但背后，还是觉得叫"老钟"过瘾。这几年在我笔端，一概称之为"老钟"。非叫老钟表达不出那感情的氛围，个中滋味，殊不可解，此等名实关系，实在是妙不可言。

谈到老钟的形象，初看即标准的浪漫主义诗人。黝黑的古铜色脸上镶着副精巧的金边眼镜，飘逸却丝毫不觉凌乱的长发，刚好随意地披在肩头。每次见到老钟，总觉得他身上自有一种精神在。当他那小而有神的眼睛每每直视你时，你总觉得，年近六旬的老钟的目光正穿过你的内心，他的洞察力早已穿透你的思维深处。

与老钟初识是高一伊始的语文课堂。当我毅然决然地走进文科班后，最初日日痛惜，再也无缘老钟的课堂上继续飞扬恣意，让我受宠若惊的是，从此，我竟有机缘一次一次踏入老钟家中，真正全方位接触这位为人师表、德高望重的儒士。

一千多日转瞬即逝，让我最不可忘却的就是老钟的笔。

若要说老钟参禅悟道，倒也契合。有段时间他日日临摹佛经，他在这方面的思想，有其原创五言诗为证。诗曰：

### 读禅诗感赋

我居平静屋，斗帐复饭厨。居室无灯禅，心静自然明。
春秋几十载，青萍一方舟，宇内无多尘，檐外百花馨。

诗中满满的平和与淡雅。不过我总觉得老钟骨子里并不心平气和，而是激情万丈的。无拘无束的他至情至性，而他的笔，则承载着他从内而外的率真与淡雅。

老钟家除了密密的书架，别无他物。一楼的书房自不必说，客厅里记忆最深的依然是他的书架。老钟这三十年来，一本一本地啃，穿越古今，贯通中外，若发现他依然给你背着他二十年前读的一部外国小说里那稀奇古怪长长的蹩脚的名字，你千万不要大惊小怪叹服不已，于我来说，这早已习以为常，只是冰山一角的雕虫小技。

游弋于杂学中的他一直在写。散文评论到现代诗歌，布满荆棘的文字正被他逐一踏平。老钟的评论最为客观理性，亦锋利老辣，满含书卷气与文化感。而诗歌是他近两年主攻的文学体裁，清新唯美，亦有历史的厚度，从《思的十四行》《闲情秋水》到《写给雪莱》，从《博尔赫斯的眼睛》到《守住童心》，每一首都饱含他满腔的心血。自《辽河》《辽宁青年》直至走进《中国文化报》以及知名文学网站，他的笔越凿越深，日趋广博与厚重。

这些年最感动于老钟的赠书感言。每一次他向我赠书时，翻开后最大的乐事莫过于看到老钟遒劲有力的刚劲笔体。从钱钟书到宗白华、张炜、董桥……大家的作品集旁，总会配上他即兴而作的批注。有"得意失意都付笑谈中"式的感叹，亦有"这才是精神贵族的盛宴"式的议论，有"作文章尚且如此，做人何曾不是"的追问，甚至有过"初恋的感觉又复苏了"式的感叹式调侃。字字段段，圈圈点点，勾勾画画，这大概就是老钟读书时的缩影精髓，亦可见其广远的思想气象。我常常想，老钟的笔大概又忙活上了。

高一高二，我曾大爱外国文学史，便周末常到老钟的雅舍中汲取。午后的暖阳斜倚在老钟粉色的书房小窗上，此刻，他常常是在我旁边滔滔不绝，雨果、普希金、果戈理、易卜生……一位位文学巨匠像泉一样向上喷涌。此刻，我每每如饥似渴地疯狂记录，而老钟，亦在旁边用一摞摞A4纸随着知识的行进，飞快地描摹。有时我会侧过脸，总是瞥见他厚厚的眼镜后的小眼睛现出兴奋欣喜的光芒。每当老钟眉飞色舞之际，桌子上的A4纸又厚了，而他最喜欢的0.5或1.0粗的签字笔的生命，也前赴后继地即将耗尽最后的光亮。不觉间，他的笔终于停滞时，每每伴着的是师母"吃饭啦"的轻唤。老钟总会极其不愿与留恋地在遗憾中撂下笔。他的笔休息了。老钟终于有了不写的时候，但他总还是那个做学问的人。周末傍晚的餐桌上，最陶醉于老钟极爽朗率真的哈哈大笑。此刻，老钟看我的目光中满是慈爱与温暖。但你总会在不觉中发觉，在他哈哈大笑之际，又扯回学问去了，我们在餐桌上常扯的是钱钟书逸事和费孝通经历。他的学问无所不在的，就像他的上帝。

整个高中阶段，我始终在写大段大段的随笔。高一时老钟一直在批阅，总觉得"甲等"那两个字，他写得特别美。而当我们真正交往起始时，几篇文章他会一起看，十天之后总会给我一个最为感动的回答。每篇的朱批会占上整整一页甚至更多，连字里行间的只言片语，亦有老钟最为认真严谨的评析。当那最为熟悉、嵌入我心底的刚劲字体映入我眼帘时，我仿佛看到，老钟伏案极为用心地一点一点地爬格子，不为任何的东西，只为一个平常的孩子。老钟的笔，大概很累很累了吧。

有时候，真会把老钟当作个率性而为的孩子，诸如清晨 5 点 38 分会突然给我发过来一首他刚写的诗之类的事情早已屡见不鲜。对于社会中某些不良现象，老钟时而会向我这个稚气未脱的少年控诉，更多时候，他会将这份热忱化为笔端的刚猛，我常常想，老钟的骨子里其实是满满的斗志，如被他认定为一生导师的鲁迅先生。

如今，寂寞的学术界，纷纷适乐土。老钟坚守着自己的园地，荷戟不彷徨。仍是怀念当年舌战群儒的语文课堂，更不能忘掉的是午后书房中只有我们师生两人的圣洁地域。老钟称其雅舍的"顺水斋"，洒脱中唯愿活得自在。我曾在日记中描述过我们师生两人的课堂的情调："午后，光影微漾；文字，清新醇香；率真，已成定格。讲坛永不散场。"

在"顺水斋"门口，总觉得老钟还在桌前伏案，奋笔疾书。好像一头老牛，一直在耕耘，一直在耕耘，不肯停息。有时真想喊一声："嘿，老钟，悠着点。"

笔飞速地运动着。老钟是个普通人。但他的笔，躺在我心头。

# 荼蘼花开

毛秋萍

荼蘼不争春，寂寞开最晚。

——题记

入夜了，拖着疲惫的身躯爬上床，熄灯后的宿舍显得格外安静。拿起放在枕边的手机习惯性刷屏，这已经成为我大学以来每天临睡前的必修课了。

人人、空间、贴吧、微博、微信……手机屏幕发出暗淡微弱的白光，纤细的手指在屏幕上飞快地往上划。突然，一条说说针刺般跳入我的眼帘，手指下意识地凝在半空，我往下轻轻拉了拉，回过头去看。

这是在网络上"潜水"很久的高中班主任陈老师发的一条说说：

我今天有点被感动到了，刚毕业的学生跟我说："老师，如果没有你，我们就废了。"

思绪"唰——"地被扯到四年前，我是那群刚毕业的学生中的一个。

我的学生生涯的开头九年都是混日子，沦为很不在乎成绩、得过且过的"差生"。中考不知走什么运了，竟然被我考上个高中，虽然是全市最差的高中，但好歹也是个高中，免去了直接读大专的命运。

陈老师是高二开始带我们的。记忆中的高一是混乱的，由于还没文理分科，所以九门功课同步学，每天就是稀里糊涂地上课、做作业。高一下半学期的期末考试，学校决定把全年级前四十名抽出来单独组成一个普高班，其他学生全部转学艺术，因为对我们那样一所三流学校来说，学艺术无疑是最讨巧的，高考同样的一本线，艺术生的分数线要比普高生低很多，这也就意味着有更高的升学率。

虽然语数外差，但我的副科还不错，所幸那次年级排名是九门功课总分全算进去的，于是我又鬼使神差地进了全校唯一一个普高班，成了陈老师的学生。班级排名二十，不前不后的名次。

高二的我任性、叛逆，身上依旧带着初中时候那种玩世不恭的影子。上课看小说、下课抄作业仍旧是家常便饭。这种对自己不负责任的态度直接导致我的成绩一落千丈，尤其是数学和英语，已经跌到历史最低谷了。期中考试过后的排名让我突然惶恐起来，三十八名，全班倒数第二。看着试卷上红墨水织成的一张张"渔网"，我把卷子塞到课桌最底部，企图用"眼不见为净"来自我安慰，可是我突然发现自己已经没了初中时候的那份洒脱，再也不能若无其事了。

荼蘼花开的季节，一个阳光明媚的早上，自习课的教室里人声鼎沸。我把笔往桌子上一摔，课桌上的书全部被我撸到地上，"哗啦啦"华丽地散落一地，活脱脱葬礼出殡的现场，一地纸钱，苍白而又无力。

"吵什么吵啊，都给我安静点！"我在教室大喊。

四下顿时鸦雀无声，大家都用诧异的眼光望着我。就在大家都沉默的时候，教室外走廊上"哒哒哒哒"的高跟鞋声愈来愈近，教室门被人用力推开了。

来者正是陈老师。看着我恼火的脸和脚边凌乱的书本，我深深地记得她看了我很长时间，然后面无表情地说："你跟我来办公室。"

我心里顿时"咯噔"一下，慢了半截的心跳，这下看来是凶多吉少了。愤愤不平踩了一脚黄皮的必修二数学书，我跟着她出了教室。

办公室里没有其他老师在，应该都去上课了。我站在她的办公桌前双手不安地互相搓动，等待着她的数落。没想到她竟然顺手从隔壁桌子那边拖来一个椅子放在我面前。

"坐。"她说得云淡风轻。

我疑惑地看着她，胆战心惊地坐了下去。

"跟我说说吧，怎么那么大脾气。我在吃早饭呢，听到那么大一声吼，差点一口噎着。"她说着竟然笑了。

"我……呃……"我瞬间觉得自己脸上烧着了，火辣辣的，尴尬得语无伦次。

"我以为谁呢，大清早的这么来劲，你是怎么回事儿呀？你在老师眼里一直是个挺乖的孩子啊，没见你发这么大脾气的，这是怎么了？"她的话里满是疑惑，就像她教的数学那样，于我而言，每道题目都是无解。

"还有你这次期中考试，怎么成绩下降那么明显，是不会做还是粗心啊？我觉得你最近很不在状态。"她眉头紧锁着，手上拿着笔敲着那份新出的年级排名表，我一眼撇到自己的名字赫然被红笔给圈出来了。

我无言以对，原先的愤怒被一种冰凉的感觉所取代，竟然觉得身体猛然一抖。

她不说话了，还是用那种打量的眼光看着我，从头到脚，细细地看，慢慢地看，看得我差点哭了。

终究是憋不住，我"哇——"的一声哭出来了。

她还是没说话，只是拿纸巾一遍遍替我擦掉流下的泪水。似乎是过了很久，我渐渐平复了情绪，她才开口道："哭出来就舒服了，现在可以告诉我你到底怎么了吗？"

"老师——我急。"我喃喃地说道，"我觉得好烦躁，我想我是完了，我是真的不适合读书，我觉得自己再读下去就是浪费时间，因为我上课的时候根本听不懂老师在讲什么，也没有听下去的欲望了。"记忆中，那时的自己是如此的坦诚和直白，不知道自己怎么会对她那样的开门见山。我想我也是哭昏头了。

"傻孩子，你才17岁啊，美好的人生还没开始怎么就说自己完了呢。我们学校是差，可是不代表我们学校的学生全部都差啊，每年还是有很多人能考上大学的。你想你辛辛苦苦考上高中，就是为了毕业后再去读个大专啊？这样你还不如初中毕业直接读大专呢，何必多浪费三年时间。"

"没什么好急的，成绩不是全部，只是对你这一阶段的检查罢了，分数的高低只是帮助你们进一步了解自己的学习状况，以便更好地调整自己的学习状态。本来这次期中成绩下来我是想找你谈谈的，可是后来我想想算了，你是个聪明的孩子，应该自己能有所觉悟吧。果然，你开始焦虑了。"

"可是，陈老师，我是真的听不懂老师上课的时候在讲些什么，就拿数学来说，那些等差数列啊，等比数列啊，一元二次方程啊，我是真的弄不清楚，太复杂了。"我近乎沮丧地说。

"弄不清楚没关系，你来问我啊，我是你的老师，我有责任教你，直到教会你为止。"你说得那么的大义凛然，我感觉鼻子一酸，视线再一次模糊了。

……

后面她说了什么我已经没有心情记下了，满肚子的温暖与辛酸交杂着。我只记得她又一次替我擦干泪水，语重心长地送了我一句话：慢慢走，才更快。不争春的荼蘼花，花期是最晚的。

是的，慢慢走，才更快。往后的日子里，我一直记得这句话，它陪伴我读完高三顺利考入大学，直至现在顺利读研。夜以继日，每每我看书看得疲乏，想一把扔了的时候，我总是想起陈老师，想起这句话，于是我一遍遍地告诫自己：不骄不躁，稳步前行。不要做争先恐后的桃花，亦不要做富丽堂皇的牡丹，做朵沉稳的荼蘼便是安好。

想着大学四年来一个个漫长的夜，在图书馆里也是熬得辛苦之极，没人管，没人在身后督促学习，一切都靠自觉。惨白的日光灯照在书上，把眼睛反射得生疼，长时间低着的头偶尔抬起来，脖子酸得不能动弹，但这些我都撑过去了，我想这大半都是靠着心中这个信仰吧。

伟大的教育学家陶行知曾经说过："真的教育是心心相印的活动，唯独从心里发出来，才能打动心灵的深处。"陈老师的爱是伟大的，她懂得与学生构筑心桥，融汇心灵，激发学生内心的情感共鸣，从而真诚地进行师生间的情感交流，而不是循规蹈矩一成不变地只管教书。都说"十年树木，百年树人"，我想没有她——那个教我要像荼蘼一样慢慢来的老师，我就真的废了。

夜已深了，舍友均匀的呼吸声充斥着耳膜，思绪被慢慢扯回，我默默地关了手机，幸福地睡去，梦中，洁白的荼蘼花开得蓊蓊郁郁。

# 你是一朵鲜艳的黄花

李梦佩

昨天，他通过朋友找到我，问我能不能重新开始爱情。我拒绝了。我记得你说过，人生不需要回头，我这样的好姑娘值得更美好的未来。你是一朵鲜艳的黄花，绽放着所有的光芒，透过缝隙洒进我的生命里，使我的未来充满了光亮。

七年前，我和他在一起了，我以为你并不知道。我一直低估你的敏感度，你结婚六七年，小孩已经五岁，其实我的小心思，你一眼已经望穿。你纵容我的放肆、我的幼稚，却又一步步严格地规范着我的行为。

在情窦初开的年纪，谈恋爱是一件隐秘、奢侈、叛逆的事情，大人常说，谈了恋爱，成绩会下降，脾气会变坏，价值观会混乱，妈妈也常常吓唬我，谈恋爱了就打断腿。我自然不敢告诉你，我害怕你通知家长。

我和他半路成了同桌，感情来得坎坷，我倍加珍惜，我宁愿把所有的时间都陪着他笑，陪着他难过，陪着他感受这个世界，我丝毫不掩饰对他的喜欢。有时候玩得吵闹了些，亲密了些，过分了些，你会瞥我一眼，但毫无表情，目光又迅速地回到课堂上，我侥幸地以为你不知道。

期中考试，我考得一塌糊涂，数学、物理和化学更是挂了红灯，那些公式和符号越来越像一场噩梦，每夜每夜地缠绕着我。

你终于叫我去了办公室，语重心长地叹了口气，让我收收心。

我狡辩说自己有认真学习，不过数理化的知识太难，你冷笑一声，问我是不是把你当傻瓜，我和他的事情你一直看在眼里，不干预是因为你相信我的自制力。

我的谎言被拆穿，我心慌，却又正义凛然地问你懂不懂爱情。此时想起来，我当初的心思懵懂，这哪里称得上是爱情，不用考虑柴米油盐酱醋茶，不用考虑衣食住行交通费。当时的我执意地认为自己在维护爱情，维护我所有的爱恋。

你说，爱情是秋天的果实，我却在春天采摘了它。

我固执地不听你的话，我觉得哪怕世界上有再多的似曾相识，也没有真正的感同身受。你不懂，我向来是个普通的人，而他是万花丛中的男生，我默默地在背后喜欢着他那么久，千百次渴望他回头看到人群里默默无闻的我。所以，当有一天，他突然站在我面前，说要在一起，我哪怕有再多的矜持和傲气，也抵挡不过他的温柔一笑。

你黑了一张脸，摆出最后一张牌，如果我不停止这段关系，双方家长会被请进办公室。

我"哇"的一声哭出来，责怪你不懂爱情，不懂我在爱情里的自卑和低微。你说，我现在经历的世界太小，所有看到的世界不过是坐井观天的外围，所以我以为他一个人就是我全部的世界，如果走出去，看到了一片更广阔的天空，我会蓦然发现他不过是茫茫人海中的一粟。你劝我要更努力，攀登上一个高度，找到更美好的未来，而我在攀登的过程中会变成一个很优秀的人，成为别人眼中的美丽风景。

我哭着走出去，最后的我始终还是没有妥协，因为我相信他，相信我自己，相信当时的爱情。你紧接着叫他进去，我一个人坐在空荡荡的教室里，所有的煎熬在苍白的空间和时间里，被我放大，我开始怀疑我的执意，却侥幸地想象着他也同我一样，坚持我们的海誓山盟，坚持我们的爱情。不过，他走出来后，冷冷地瞥了我一眼。我问他你说了什么，他不说话，冷冷地笑了一声，转身就走开，混进他的万花丛中。连续多天，他只顾着和前后桌嬉笑打闹，独独对我，冷若冰霜，一句话也不和我说，原本的同桌成了最尴尬的关系。

我很恨你，你一定在他面前说了我的坏话，你哪里是一朵鲜艳的黄花，你更像是一束黑色的罂粟，扼杀了我所有的幸福和快乐。我生气地去找你，质问你到底在我和他中间做了什么，你笑着说，如果我所谓的爱情能被你的一句话打破，那算得上什么爱情。

原来，他一进办公室就主动交代这只是一场游戏，他对我没有感情，甚至表示会马上分手，以后再也不说话。我坚信的爱情，在昆虫振翅的瞬间，坍塌在面前，毫不留情。我在你的办公室里哭得稀里哗啦，你拍拍我肩膀说，你小时候也自卑，觉得自己一无是处，比不上任何人，可是你相信你如自己的名字一样，是一朵鲜艳的黄花，会有鲜艳的未来，所以在无数个年头里，认真、刻苦、勤奋、努力，也遭遇过许多苦楚，也经历过失败的爱情，却一路向前。

你说，向前看，不要回头，当你成为最好的自己，当初所有打倒你的都将被你打倒。

后来，我认清了现实，主动跟你要求换了座位，坐在教室的第一排，勤奋、努力，慢慢地追落下的课程，在每个课间跑办公室缠着任课老师，在每个深夜趴在被窝里背各种公式，我不愿意辜负大好时光。功夫不负有心人，我又回到了当初的状态，成绩变得越来越好，慢慢地在各科都崭露头角。而我和他再也没有任何交集，在同一个空间里，不说话，不借书，后来我和他去了同一个城市的不同高中，去了不同城市的不同大学，所有的联系都消失得一干二净。

昨天，他为七年前的事情跟我道歉，说当时害怕被退学，一心急伤害了我。我说没关系，当初太青春年少，都过去了。他说想要重新来过，我说如今我们谁也不再青春年少了，而且我不会回头，我值得比你拥有更好的未来。

我把你说的话深深地记住。而你还记得我吗？黄花，我亲爱的班主任。你还好吗？

我也已经有七年没有见过你了。新生开学时，你是不是还一脸灿烂，笑得像太阳下的一朵黄色的花，站在讲台上，介绍自己的名字——黄花。书上说，特别的人有特别的名字。你的名字很特别，所以你很特别。

七年里，很少有同学问起我和他的故事，我以为人尽皆知、人尽皆嘲的事情，居然石沉大海，再也不起波澜，我知道，一定是你，阻止了所有对我不利的传言。我记得入学第一天，你说你的心里有一台天平，你尽力让所有的人都处在一个平衡的位置，做错了事情就该批评，做对了事情就该受到表扬。我很感谢你在这件事情上对我的偏袒，很感谢你相信我，让我在追求未来的路上少受阻碍。

　　七年了，你是不是所有事情都遵循了公平的原则，不曾委屈任何一个人？

　　七年了，我依旧感谢你的谆谆教诲。

　　七年了，你一定还是一朵阳光下鲜艳的黄花。

　　七年了，黄花，我很想你。

# "狼王"我想我是爱上了您

左杨

"熙熙攘攘的人海之中，命运让我们相聚，繁华都市的日升日落，印在我们眼里……"，每每听到这首歌，您的身影总是萦绕在我的脑海，久久挥之不去。"狼王！"我想我是爱上了您。

北国！来到这快三个月了，却仍旧忘不了临走时您的谆谆教诲，忘不了我们一起度过的每一个拼搏日子，忘不了你洒下的每滴汗水，更忘不了您流入心底不知是多少的泪……

静静地翻阅这名册表，尽管报名的时间还未到，您早已站在空荡荡的教室里等待我们的到来，一身整洁的西装穿在你肥胖的身上却丝毫没有任何的不和谐，也许气场决定了一切，大大的黑镜框下，小小的眼睛似乎闪着无穷的智慧。这是我第一次见到您，严肃却透着可亲。

第一次班会您说，我们现在是一个集体，就像一群野狼一样，只有团结，才能让我们在知识的原野上捕获丰厚的食物，所以从此您就成了带领我们觅食的大家口中的"狼王"，那天第一次听到了我们的班歌《相信我们能创造奇迹》，您说就像这首歌唱的一样，我们应该珍惜大家在一起的日子。

您却不仅仅是珍惜，记得正值炎夏正午时，太阳毒辣辣的，然而我们却是上午最后一节体育课，本该在办公室休息的您，却陪同我们在烈日炎炎下打着排球，胖胖的您像孩子一般，欢呼、跳跃，直到汗水渐渐侵蚀您整个身体。下课后，当所有同学慢慢散去吃午饭时，您默默擦干汗水，休息片刻便慢慢地缓缓地走向我们的寝室。查寝，是您每日必做的工作，不管多累，有多少事，每天中午都会来我们寝室，看我们有没有吃好，有没有好好休息。当时刚搬到分校区，我们女生住六楼，男生住四楼。我不知道体育课后您是怎样"爬"上楼的，也不知您在半道上有没有累得喘不过气来，我记得的是您的衣服从未干过，每当看到您湿透的衣服，真的好想说，

"狼王！您辛苦了！"何必如此呢？现在您明明可以回家吃饭啊。我们对饿着肚子爬楼梯的您心痛得不行。

　　夜色完全笼罩着城市，您仍旧守护着我们。也许就在那一刻，我完全心动了。高三的第一次考试，考试的前一天晚上，夜很深了，我却怎么也睡不着，头像快炸了一般疼，万般无奈之下室友拨通了您的电话，您听了情况后，就说了一句"我马上来"。正如您说的，几分钟后，夜色里我看到了您匆匆走了过来，头上的摩托车头盔都还没来得及取下来，喘着粗气的您抱着已经快站不住的我打的赶去了医院。医院里，您陪着我做完了检查后，又送我到病房打点滴，很清晰记得当时已经凌晨了，一个室友还陪着我，都劝您先回去休息，天亮还得监考，您却固执地要我先睡，似乎这样您才安心，最后不知道您什么时候离开的，反正我是睡了，进入高三以来第一个无梦的夜……总之永远忘不了夜色里那个行色匆匆的身影。

　　就像交了厄运一般，有时候付出很多，得到的回报却是无尽的失望与伤害，可您从不沮丧。当您放弃休息，每天您都是教室里来得最早、走得最晚的那个人，看得到您的头发在渐渐变少，以前的您不是秃顶的，但一学期下来，头顶的头发寥寥无几，以前听过，这样的秃顶是操劳过度，我不知道如何表达那种一天天看您头发变少的感觉，真的好差好差。尽管您如此努力，可我们仍旧让您失望，好多人无视您的付出，学校领导也看不到您的牺牲，常常大会上都批评我们班，我知道您难受，班会上苦口婆心给我们讲各种成功人士的例子，讲他们是如何克服困难，走出失败获得成功的，安慰我们的同时激励我们上进，但我觉得您才是那个应该被安慰的人，至少您付出的比我们都多，受批评您该是更痛吧！有的同学不理解您，还抱怨您，甚至在背后辱骂您，其实您是知道的，却从不说破，对每个人都像对自己的孩子一样……记得有一次我问您，为什么一直坚持，为什么不放弃，反而一直这样付出，却没有一点回报，永远忘不了您的回答，您说："你们不也是一样么？"您的回答让我哑口无言，就是这样的您，让我不得不去爱。

　　您常说您就是个撑船的，送走一批人，再送走一批。我却觉得您不只是撑船的，因为我没见过陪我们一起笑、一起哭，并且无时无刻不对我们嘘寒问暖的撑船者，至少在我心里，您不仅如此。

两年的岁月里，有您的一点一滴都是那么的快乐，记得离开时您渐渐远去的背影，我真的真的好难过。永远不懂为何您总是那样傻傻地付出自己的心血，默默地守护着大家，悄悄咽下所有的辛酸，最后当所有人都离去，您却仍旧还守在那个最初的地方。

知道吗？两年的日子里，我开始心痛您的每一次傻傻的陪伴，心痛您的每一次难过，尽管您掩饰得很深，可是我看得到，您那紧皱的眉头出卖了您。您该是那个群狼供着的那个"狼王"啊！

也许，就是这样的您，深深地触动了我的心，这样傻得可爱的您怎能让我不爱？

# 花开无声，馥香永存

尚颖

　　是谁教会我们写下一撇一捺，是谁的叮嘱时时在耳畔响起？曾经我用稚嫩的笔体写下"谢谢您，您辛苦了"，如今我仍然用他们教会的道理在人海中浮沉。

　　有人说，母校就是那个你骂了很多遍却不允许别人说一句的地方。而我想说在我们的母校有一群人，你吐槽千百遍却决不允许任何人说他们一句难听话。在我们的潜意识里，他们是我们人生路上的灯塔，在迷茫时为我们指引方向；更是我们的信仰，不允许任何人亵渎。然而我们只有在离开的时候才会对他们流露出自己的不舍与感激，更多的时候是倔强的反抗，看到老师微露怒意，我们竟会产生小小的成就感。多年之后回想，淡淡一笑，当时太年少。我们不是花朵，他们才更像盛开的花儿，而我们更像是他们的过客。不由地想起日记本上经常写的一句话：花开花落几人晓，人来人往花知道。

## 你说，挑灯夜读，红袖添香

　　"每首诗注音抄五遍。"话音一落，全班安静，只能听到拿本和笔的声音。那个时候的我们对老师布置下的作业，只有无条件完成，没有怨言，没有投机取巧。老师教会我们的是认真和全心全意的努力。

　　李老师是我的奶奶，更是我的启蒙老师。我的小学在一个小镇上，师资力量不够，往往一个老师要同时教好几门课程或者从一年级到六年级都是同一个老师，所以我和奶奶的师生关系维持了差不多六年。奶奶当自己的老师，个中滋味说不清楚，我只想说，快乐并痛着。

　　偶尔的小零食，当时流行好玩的小玩意……好多小伙伴经常来自己身边献心意，因为不想被李老师叫家长，或者让李老师跟他们的家长只汇报好消息。我总是会很开心地笑纳，礼物不要白不要，至于说不说好话看心情吧。所有人都以为，李老师是我的奶奶，我可以不用写作业，不用担心老师跟家长汇报工作的事。可事实上，完全相反。

李老师是一个相当要强的老师，更何况自己的亲孙女在自己班上，不把孙女培养成一个拔尖的学生，好像就对不起自己老师的称号。好不容易盼来的周末，我还在床上回味着昨晚香甜的梦境，忽然听到李老师有穿透力的声音在院子里响起："尚颖，起来看看你昨天交的作文！"我从来不指望爸爸妈妈能帮我说句话，因为在他们眼里，这是奶奶对我的疼爱。于是三分钟之后，我已经穿好衣服，睡眼惺忪地出现在了院子里。李老师对作文点评一番之后，随手拿起一本作文书："中午之前，把这两篇背下来。"我暗暗掐自己一下，驱散还没散去的睡意之后，便拿起作文书，在院子里开始陶冶自己的文学情操。然后李老师并不会当天中午检查背诵，往往是在下周的早读课上检查我的背诵，所以当时傻傻的我为了不让自己忘掉，周末两天都在背作文！早读课上，同学们看到的景象就是我无比熟练地背着一篇又一篇作文，以及成就感跃然脸上的李老师。你以为李老师是有私心重点培养她的孙女吗，不是！李老师是以这种方式激励她的同学们背古诗背作文！六年的时间，导致我看到作文的第一反应就是它值不值得背诵！后来想想，李老师也算是用心良苦，至少自己的文学细胞得到了一定的刺激。

## 你说，彼岸灯火，心之所向

那年的暑假，我在李老师的鼓励下，以相当不错的成绩考上了市重点初中。摆脱李老师的耳提面命之后，到来的并不是解脱，而是更激烈的竞争和永无止境的题海。前两年自己的学习还算得心应手，成绩也对得起自己的努力。不得不说，李老师曾经略带压迫性地教会自己的认真和努力，真的会影响我的一生！

"心静自然凉，你们手中的纸是用来当演算纸的，不是扇子！全部收起来！"初二结束的那个暑假，我们提前迈进了初三。初三新加了一门课程——化学，教化学的老师姓梁。梁老师在带我们的第一节课上，就以不凡的嗓音和强大的气场镇住了我们，就连青春期比较叛逆的几个男生也默默地向同桌借化学书看。

梁老师有一个让我们都不太喜欢的习惯，每次小测试、大考试结束之后都会叫成绩不太理想的人补课谈心。各种化合价、化学反应式让我的大脑都被反应了，左脑是水，右脑是面粉，一反应就玩完了。所以刚开始的几次考试，我的成绩都在及格线上徘徊，我也是老师办公室的常客。别的同学让老师单独辅导过一两次，成绩多多少少都会有些起色，而我，一个学期成绩不进反退。那天老师终于怒了，"我记得你其他科的成绩都挺不错，为什么单单化学要落后别人这么多，是故意和我作对吗？你是不能还是不为，自己心里应该有个数！""……"后来的半个多小时，我一直保持沉默，老师也一句话没说干着自己的事。"我真的学不好化学，我付出的努力不比别人少。"又是一阵沉默，老师才缓缓地开口："没有人天生就适合做什么，擅长做什么，全在人为。"之后的考试，我依然不像很多人一样一下子就开窍，中考还是败在了化学上。时间会将一些记忆过滤，但老师的那句话始终沉淀在我的脑子里，偶尔被翻腾出来刺激一下自己的脑神经。

当时只当那句话很平常，后来高中分科的时候才猛然明白，老师是要我找好自己的方向然后为之努力。我真的不具备化学细胞，也真的不是畏难而退。至少我真的努力过，但真的不适合。未来的路上，会遇到很多转折路口，会面临无数次选择，选择意味着放弃。今后，我会做出更好的选择，更坦然地面对得与失。

## 你说，斜阳缓缓，可归故乡

有人说青春就是一场大雨，被淋成落汤鸡却还想回头再淋一次。真的如此，匆匆告别走过一段时光的人，在下一条路上又会止不住地回想。高考之后，我们各奔东西，所有的汗水和欢笑只定格成一张旧照片。后来回去领毕业证的时候，无意中发现班主任的桌子上有我们的一张毕业照。看着那一个个熟悉的面孔，鼻子有些酸，毕业照背面是老师亲手写下的和我们一一对应的名字，终于泪水划过嘴角，回忆决堤。

张老师是一个时刻保持着微笑，一生气脸就泛红、嘴角抽动的中年老头。那年高三，他每天早上 5:50 准时出现在早读课上，每天课间操都会在我们队伍后面跟着做操，每天晚上 10 点来晚自习课上检查纪律。高三是一座围城，外面的人想进去，里面的人想出来。被张老师带出的学生都能深深地体会到这一点。老师对我们发过的最严厉的火要数那次几个同学把奶茶倒在他刚洗过的车上，"你们不知道学校里是有监控的么？如果别人这样做我会查出来是谁然后给他们严厉的处分，可你们是我的学生，我教出来的学生！我能怎么办？老师心寒！"因为张老师的高压政策，几个男同学为了泄愤做出来的举动让我们震惊，也让张老师大怒。整整一节课的沉默，老师站在台上，我们低着头坐在台下。果然之后的一个星期，张老师都没有来上课，那几个男生仿佛也意识到了自己的错误，一周都没有逃课。经过这次的事情，我们才意识到，潜意识里，我们并不讨厌张老师，相反，是深深的依赖。领报考指南那天，我们匆匆告别累人的高中生活，都没来得及跟张老师好好说一声，谢谢，再见！

老师看我拿着毕业照出神，好一会才打断我。他问我的大学生活过得怎么样，我很开心地跟他分享着半年的所见所闻，不漏掉任何一个精彩细节，那种感觉就像是多年未见的好友之间的交谈，而不是老师和学生。他认真地听完，微笑着说："长大了，出去走走就是不一样。"我顿时语塞。后来想想，我们为了实现自己的梦想跑到天南海北，逐渐忘了我们为什么出发，从哪里出发，只知道一个劲儿地往前冲，即使头破血流。其实回头看看，看看曾经那个单纯的自己，看看那些一直为我们加油鼓劲的人，要比紧握梦想温暖得多。我想，毕业之后的我不会再想到大城市过蚁族生活，而是用老师教会我的东西教我的家乡人，用老师教我的知识使家乡变得更美好。

花开无声，然而香气萦绕心间。

# 流年里几多感动

林恩星

今秋的第一场雨不期而至，风中微微带着点儿寒意。总觉得秋天是个容易让人感伤的季节，也确实如此。站在宿舍阳台上，静立，看着此刻阴沉的天空，不免暗生惆怅。思绪沿着记忆隧道追溯到那段承载了我最美好年华的两年文科学习生活，我嘴角轻扬却热泪盈眶。

一

高一分文理科时，我毫不犹豫地选择了自己擅长的文科，一切都是新的开始，未来两年充满了未知与挑战，等待着我自己去探索。那时我心里很忐忑，不知道自己做出的决定究竟是否正确，但我记得汪国真说过的："既然选择了远方，便会自顾风雨兼程。"带着自信，带着微笑，我出发了，开始了文科学习生涯。

我的班主任老师是教历史的，对他的第一印象并没有非常深刻，只觉得他非常朴实，很阳光，很爱笑，仅此而已。但是，长时间相处下来，我发现他非常敬业。每天早读课很早就到教室，有时候他到的时候教室里只有一两个同学，而我则通常是那其中之一。他是教室里那些无人问津的报纸的忠实读者，每天得空他都爱去翻翻看看，而且早读课结束后他总是要对我们进行思想教育或者大概也可以说是跟我们分享对人生哲理的解读吧，也正是因此缘故，有心的同学还将他的那些语录整理出来，成为了年段"好好老师经典语录"。更为重要的是，老师还是个细致的观察者，我们的一言一行似乎都逃不出他的"火眼金睛"，（但他是个深度近视者呢！）自然，面对面谈话成了个别调皮同学的家常便饭了。

其实，对这位全年级公认的好好老师，我对他的"解读"远非这些而已。

# 二

也许，在别人眼中，班主任好是因为他亲切，好说话，那么，我所了解的他当比这点深入了许多。

在文科班里学习了一学期后，由于我的成绩优异，各方面表现都很优秀，自然而然成为了老师们关注的对象，包括班主任，因为他在接手文科班之前不是我的科任老师，了解我也只能是通过学业成绩和平时表现。依稀记得，那次期末考，成绩出来的那晚我是打电话问他而得知的，电话里头的他也是非常亲切，听得出他很为我高兴，因为那次试题难度很大，而我一跃进入年级前几名，他还说对我非常有信心。从那次以后，我开始有了强大的动力，铆足了劲儿努力奋斗，我也相信越努力越幸运。第二学期我更是稳居班级第一，然而过程却是十分艰辛。

由于长时间的压力状态以及过度学习，我身体开始不适，经常请假，有时候病发严重时连话都说不出来，被病痛折磨的我每次都会痛苦地哭。老师非常担心我的状况，他竟然还自责是因为他给我太大压力造成的，这是妈妈告诉我的，妈妈还说班主任夸我是个非常优秀的女孩儿。那时候我躺在床上挂点滴，心里觉得很感动又很愧疚，让老师自责了。我知道最好的报答他的方式就是学习成绩，所以哪怕在医院住院，我也是书不离手，就算每次都要被医生说我也要坚持自学。回校后，通常就是月考，老师看到我回来了，他也很开心，眼神中明显多了对我的疼惜（就像父母对子女的关怀），同学们一窝蜂过来关心我，我总是会说这次考试肯定不行了，她们倒好，总会不屑我这话，断定我又会第一。还真是被她们言中了，的确如此。但我想看到的不是同学们的赞叹与羡慕，不是老师们的表扬，仅仅只要班主任的一个信任的眼神，我就有了继续努力的方向。

那学期结束后，我自己在总结学期经验的时候，都会觉得不可思议，一条向右上方倾斜的直线——高二一学年的学习结果。我想，并不是我能力有多强，而是班主任给予我的信心以及鼓励让我在学习上冲劲儿十足。只是因为班主任的一句话，只是因为他对我完全的信任，真诚的欣赏与支持，我才有信心去坚持。我亦深知，未来还有一年，革命尚未成功，战士仍需努力！当校领导把目光转向我们这一届时意味着高考的号角已向我们吹响，虽然很害怕，但我还是自信地向高三走来。

# 三

进入高三，更是进入一种枯燥乏味的生活模式。每天对着书桌上堆得那么高的一摞书，不碰它们都觉得头大了，何况作为文科生免不了得天天捧着它们背诵的。老师清楚地知道高三的我们都懂得要为自己去拼一回，他还是会一如往常地做思想教育工作，为了给我们减压，经常放些音乐或是视频以作课间娱乐。

很快，第一次月考，成绩出来后，我感觉整个人都要瘫软了，从班级第一一下退到第四，这是我最怕的结果，高三第一次考试就退步，自信心一下被摧毁了，自己一个人趴在桌上哭，没去多媒体教室上课。老师走了过来，面对着我坐在我前面，他不仅安慰我还跟我分享了自己上高中时的学习经历。痛哭流涕的我不知道该怎样去回应他，我知道不能就这样放弃。在后来的几次重要考试中，我又跻身前三甲，至省考我再次取得班级第一、英语单科全县第三的成绩，这让老师也让自己感到努力没有白费，但是真正的高考还没来，谁也不知道最终会怎样。只是高三这一年，我一直接受着老师给予的关怀与感动，老师担心学习上的事会让我感到高压、紧张，所以身为班委的我很少处理班级事务，我很感谢老师的理解。他还经常问候我，关心我的身体状况。其实最后那段时间，我的确很害怕越来越近的高考，但是每当我情绪低落时，老师总能敏锐地察觉到，会主动疏导我。

然而，印象很深的一次是老师被班上无理取闹、无知的男生气得好几天在班级里都提不起热情来，我感受得到老师当时有多委屈多无奈，但他不愿意说，他一定很难过。我知道他自己压力其实也非常大，毕竟学校是有分配高考上线人数的，但他从来没跟我们说自己也必须完成上面分配的任务，否则会被批评的，他怕给我们增加压力。所以，夜自修下课后我在走廊上等他，我问老师最近心情是不是很不好时，他用弱弱的语气回应了"没有啊"。我有点儿哽咽地向他说明了自己所观察到的他的情绪变化后，老师才承认了。这一次角色转换，变成我宽慰老师，或许老师觉得我的话有道理，第二天上课时，明显他心情明朗了许多，还补放了被他故意略去的"江南 style"视频。那一天，大家都笑了，一种久违的氛围。

# 四

后来，高考了，毕业了，临回家前我交给老师一封信，那是 8 号晚上流着泪写的。不知道该说什么，只是很感激他，很不舍。毕业了，我们都在焦急等待成绩公布，他笑着对我说："我等你好消息！"

后来，成绩出来了，我绝望了，不敢联系老师，老师亦知道我的心理脆弱至极，他不敢打扰我，只是在一周后，发了条短信宽慰我，而我不知道该怎么回复。

再后来，我带着悲观、消沉的态度来到了大学，整整一年沉浸在过去的回忆里无法走出高考的阴影，知我者唯班主任也，在那一年里，他依旧当着我的领路人，疏导我，不断鼓励我，他说心烦难过时要记得还有他愿意倾听我。每每想起过往，每每想起这样一位善良知心的老师，我便哭了，太舍不得分别。

如今，我大二了，已经放下高考那段陈年旧事，重新寻回自信。而老师，依旧重复着摆渡人的角色，三年一循环，培育桃李芬芳。

夜，深了，微凉；执笔凝噎，几多感慨几多感念！一日为师，终身为父，唯愿我那善良、敬业，始终坚守在教育战线，倾力关爱学生的班主任老师一生幸福，快乐！无论走到哪里，我都会记得那段刻骨铭心的岁月，温润美好充满正能量！

叁

中小学生组征文选编

# 永远的霍正文

赵欣雨

　　霍正文，是我初中阶段的物理老师，同学们都叫他老霍，他只教了我们一年，却给我留下了异常深刻的印象。

　　老霍已经五十多岁了，脸上已经有了不少"岁月的印记"，但是他永远都给人活力四射的感觉，好像只有他能免于时光的诅咒，把自己永远定格在一个青春的镜头里。

　　上课铃响之前，老霍早早地就穿着与他身材极不相符的带扣蓝衬衣踏着大步走上讲台，"上课！""起立！""老—师—好！"这个"好"字一吐出，老霍就向全班绽开了一个巨大的笑容，那张瘦脸上的皱纹平均分开，叠在两侧眼角，像开出了两朵大花儿，把眼镜都顶了起来，和其他不苟言笑的老师全然不同。

　　说老霍的课"生动形象"，一是因为他丰富的肢体语言，再就是他的课有一种说不出来的"热血感"，他在讲台上不断地进行着"位移"，那双大号的棕色皮鞋在讲桌两头时隐时现，一边走一边比画，每讲到重点，他总大瞪双眼、身体前倾，一只手悬在空中配合着晃，造成一种物理知识博大精深的感觉来；讲完一个知识点，他常常会以惊人的速度转体，在黑板上飞快地板书，他的字如行云流水，龙飞凤舞，鲜有同学能跟上其速度，只能下课再补抄笔记。老霍板书速度奇快，制图能力也超强。别的物理老师往往提前几分钟到班，在黑板上又是圆规又是尺子的鼓捣一阵，画出精准的图示再放心上课，老霍却不，他的图都是现讲现画，有时讲着课就突然一转身抄起粉笔三下五除二就搞定一个图，不用任何制图工具，不仅速度吓人，精准度也高得异常，一次他以迅雷不及掩耳之势在半块黑板上画了个巨大的圆，简直浑然天成，引来同学阵阵惊呼，大叫："好圆！"老霍带着微微骄傲的笑容拍着"大圆"说："这也叫圆啊，你们是没见过真圆，我过去画得圆多了！"

老霍上课喜欢设陷阱，有时东拉西扯地讲上一大段，然后突然告诉大伙刚才讲的是错的，有的同学只好愤愤地把刚写的笔记划掉，怀疑地看着他，他慢条斯理地解释道："我这是为了检查你们的预习成果和听课专注度。"他停住话头，看了看同学们脸上的表情，又悠然地说："老师讲的有时不全是对的，你们也要有质疑精神。"此后，有质疑精神的几个同学开始在课上公然与老霍叫板了，有时还真能叫对几次，斗败了的老霍反而笑眯眯的。

若是赶上老霍主持实验课，就热闹了，我怀疑即使是百米开外，也能看见老霍摆弄器材的花样动作，他把一个凳子摆到讲桌上，再把一些乱七八糟的器材摆在凳子上，然后动作娴熟地来回捣鼓，像猴子上树一般，我们都在底下瞪大眼睛妄图看清他的动作，而他在凌乱不堪的凳子上，一会儿举起开关让大伙看看，一会儿拿起一团线让大家对比，不时带着几个零件转身"草书"几笔，虽然每每最后老霍都闹一身汗，但他似乎很享受这个传道授业的过程。而到最后，我们全班轻松通过了实验考试。

老霍的行为有时变化莫测，难以捉摸。有一次，讲电路知识，正值下午第一节课，同学们的神经似乎都在睡梦中飘荡着，老霍讲了几句底下没人响应，他似乎恼了，不知从哪拉出一条凳子来，左脚踩在上面，右手扶着桌子，顺势抬起右脚一蹬，竟"嗵"的一声站到了讲台上面。四周的同学仿佛突然被惊醒，都睁开眼睛看着他，而与他的棕色皮鞋离得极近的第一排同学看他更是须仰视才见。而这还不算完，老霍一把就把讲桌上空正在亮着的灯棍儿从金属壳里拽了下来，他挥舞着灯棍问同学们："看还亮吗？这不就断路了吗？"然后，随手把灯棍往金属壳里一按，灯棍儿就又亮了。老霍做了一个半蹲的姿势，"扑通"一下就轻巧地从讲台上朝后跳了下来，接着讲，就像什么也没发生一样。而同学们却目眩良久，他们在共同思考一个问题：自己眼前这个老师到底是不是真的五十多岁了……还有一次，不，应该有好几次，上课半天也不见老霍的身影，突然坐在后排的我用余光扫到老霍从后门里悄无声息地"滑"了进来，一步一步向讲台方向走着，奇怪，他走路竟没有声音！此时，班中无老师，顽童称霸王，见无人上课，班上就又开始——用我们班主任的话说——自由主义泛滥了，这时老霍已走到我的前面，突然一巴掌拍到我前桌的肩膀上，"啪"的一声巨响，全班的嘈杂声戛然而止，大家寻声一回头——老霍就站在他们后面，一直在听他们说话，想想就觉得后怕。老霍用一种无形的力量凝聚了大家的目光，他用低沉的嗓音说："君子慎独，老师在与不在一个样，才是学之大者！"说着，他走到讲台边，看着惶恐惭愧的全班同学，又向全班绽开了一个巨大的笑容。

讲解习题课，老霍一般把眼镜戴在脑门儿上，举着卷子或练习册，皱着眉头，一边在教室的过道里踱步，一边自己喃喃地读题讲题，倘若这种状况持续下去，肯定会让课堂进入一种催眠状态。然而老霍的课注定不可能无聊，他看似在题里自说自话，小心，那只是一种蓄势，不知什么时候，他突然抬起头来，大叫某同学的名字，然后温柔地看着他，并询问其对此题的见解，那往往是些古怪的题，答出来不易，答不上来，怕是要站一会儿，接着老霍通常会把这个同学叫到前面，不会就再叫到前面，以此类推。一会儿就站起一排的同学来，一会儿就又站起一排来，有的同学猜一个疑似答案出来，企图蒙混过关，但往往于事无补。一般平均二到三排间，会有某学霸出来解惑，听到正确的答案时，老霍脸上就会露出欣慰的笑容，竖起大拇指走向学霸："哎！对了！表—扬—"然后开始讲这道题，那"表扬"二字拉得很长，虽没有什么具体的表扬内容，却能给人巨大的满足感。有时，一道题被全班各路牛人、物理天才等讨论之后，老霍会确定两个疑似答案，然后一言不发地走回讲台上去。班上就会分为两大派，激昂慷慨地热烈讨论起来，争执不下，一会儿班里就炸开了锅，老霍带着浓浓的笑意心满意足地欣赏着眼皮子底下这场暴乱，眯起来的眼睛里闪着狡猾的光，这样下去一般有两种情况：一种是一派最终被另一派说服吞并；另一种是当两派有用拳头解决问题的冲动时，老霍这时就站出来宣布正确答案。然后赢的一方就个个趾高气扬、不可一世的样子，输的一派则是或懊悔或茫然，再之后几个"战斗"中表现神勇的斗士逐个得到"表—扬—"，"风波"就彻底宣告结束了。不过，有一次老霍宣布："俩答案都不对！"这足足让较真儿的学生们郁闷了几十天。

　　课堂下的老霍是个和蔼可亲的有趣的人，学生们无论学习好坏，都喜欢与他快活地谈话。一次放学后去食堂，大家看到老霍已经在那里了，凑上去跟老师坐在一起吃饭。我发现老霍吃完饭，会把每个剩下的饭粒儿豆粒儿都一点点儿拨到嘴里吃掉。我很吃惊，而这个不留饭粒儿的习惯我一直保留到现在。仔细想想：霍老师在这短短的一年里教给我们的又何止这些呢？

　　现在，我已进入高中，老霍的课也许只能在回忆中听到了，但是他在我人生的旅途中是个多么重要的向导啊！毕业那天，他给我留了一句话：当你披荆斩棘，登上顶峰时，就会发现自己有好多追随者。这是他对我的祝福与鞭策。那天，我送给他一幅字，是我一晚上用隶书写的——"霍香正气"。

# 感师赋

罗文钦

　　传道解惑者，唯师而已矣。自天地之玄黄，从乾坤之洪荒。授学业于兰台，更桃李之千里。怀知遇而衔感，同一别而惭恩。念吾生之不报，故一赋而感师。

　　若夫凤楼龙阁，金殿银宫，銮车玉驾，冠冕庾弘。文锦凌云，珠玑盈空。四牡龙马，层楹断风。举泰山以为肉，倾东海以为酒。长梁亘虹，高门贵鼎。明星满轼，门庭皆音。骖骓骅骍，无衣衫之褴褛；明帝桓荣，有博达之西宾。授尚书于弱冠，甚尊荣以师礼。临西座于太常，何诸生之蚴虬。感德行之浩荡，因事毖而常疾。愁愁疾行，忡忡忧心。至于桓荣，人籁马静。涕泪泗流，未言先嚏。骋华藻于一翰，表遗表于终讫。后荣尽于百年，葬山阳而辟啼。

　　或乃辽水雁山，青荣峻茂。猿狄长嘶，杳野杂蒿。嶕山峭崖，缭之以荽。时夏暑炎气，溯湑渐齏。或水冰地冻，飞雪阑干。独授业于青野，伴厉猢之长啸。闻青鸟之悲鸣，有维东之山长。先天鸡而荷月，晒清露之滕文。面扶桑之舒光，行蘻草之夏礴。有巴蛇于邛巇，避狞色之虎蛊，何岑闳兮嶒棱，居芳香兮兰苣。风飘飘而雨下，飞堁土兮尘扬。水浮沙而黔黢，未憭憭兮檀苍。弃烝烝之𫗧粲，舍蔽天之蝉冠，陌不至乎闾阖，原止八荒而影伴。呻素毕于幽兰，佩琳琪而少餐。

　　至若谆谆吾师，海德尚行。白草枯沧，躬至吾门。徒徒吾庐，裋裋我衣。约食蓄谷，觅樵寻稷。莘莘黍离，飞蛩满野。偏孤伶俜，坐以长嗟。遥望我师，陟彼高陂。岑岑我涕，籁籁我泪。纳纳涉其余露，裦裦攀于秋风。语昌言兮檗粥，常綦我于倥侗。佩鸣玉以比洁，齐芷兰以争芳。采椒芷以遗彼，相盼顾而辗然。

夫唯渤水澎湃，沛然东流，晤于晦朔，别于春秋。桂棹逶迟，松舟容与。班荆道故，恸然宿离。擘涕拡泪，纷纷落英。茫茫海内，漫漫长亭。玉柱张而悲羽，骊驾悦而诅前，胡笳动兮边马，秋雁翩兮鸨骞。日下墙以沉彩，月上林以飞光。衣襜襜而舍风，鸽涂憛乎高冈。同一岾而沥泣，佩依依其蕙芗。何忧戚之不舍，歌绵曲而愀怆。济前路于船楫，知渤涛乎不见。意感恩而后报。恐他人之我先。

嗟夫！师我青蚨！渺渺寸草，何报春晖，师彼其艰，襜衣素袂。将以遗彼蓂荚，佑彼身其康强。彼载德而学硕，愿等寿于东皇。

# 神之唇

杨沐霖

坐在讲台下，望着台上那双上下开合、吐珠纳玉的唇，犹如春风拂面，让人微微沉醉，感慨万千。

轻轻闭上双眼，那满溢清香的气息，像钢琴的低音，透过空气，穿越空间，轻轻抚摸着我的双颊，缓慢地淌过耳畔，沁入脑海，植入心田。我分明看到一柄燃烧的红烛，我分明看到一只吐丝的春蚕。

我像天空中飞翔的风筝，任由娓娓的导线牵引，安静、平稳地飘扬在半空中，展开冥想的翅膀，期盼而受用地分享着这种关切和温柔。我喜欢这耳语般的感觉，虽然是在白昼，于我却如回到了幼时漆黑的夜晚，脸紧抵在母亲的怀里，双唇轻触母亲的胸脯，吸吮着甜美的乳汁，享受那无尽的安详、甜蜜、温暖与安全。昨日是新陈代谢的必需，今日是精神食粮的哺育，缺一不可。

贪婪并不全是丑恶，犹如稚嫩的禾苗汲取雨露，拔节的修竹直刺天穹。若没有上苍的厚爱，没有阳光的照耀，没有大地的奉献，没有乳液的滋润，又哪有生命的延续，哪有成长的茁壮，哪有栋梁的呈现。

曾经是一片混沌的世界，您的话语像般若波罗蜜经，投射过熠熠的光亮，启明星一般照亮我们前行的路。夜幕中洪水把世界变成了泽国，而您送来了诺亚方舟，载着我们劈波斩浪，寻找生命的热土，开启崭新的旅程。或许也有许许多多的顽皮、叛逆、执拗、冷漠，都融化在您温柔的话语中，即使礁石上的蛤蜊，在满是正能量的脉冲声中，也会敞开坚硬的蚌壳，仔细聆听、迎纳绵绵不绝的挚爱之声。蒙尘的心在那一刻，变得静谧、清纯，莽撞的行为也收敛得如乖巧的小白兔一般。啊，那是一盏陈年的老酒，那是一杯芳醇的香茗，具有化腐朽为神奇的功效：生猛会变得深沉，无知会日益丰满，草率会渐趋认真，鲁莽会归于坦然。

我们的身体里，都有一头渴望知识的小兽，吞噬着新鲜的食粮，找寻滋养和哺育，饕餮成性，来者不拒，不断地壮大和武装着自己，不知疲倦。我们深知，您有用满腔心血、千回百转酿制而成的酒浆和乳汁，您有送我们到达彼岸的白帆，您有引领我们直上蓝天的云梯。

梦想不是青春的特权，青春却因梦想而璀璨。当我们回首俯视大地的时候，怀一腔感恩和赤诚，寄一缕深深的相思，道一声："老师，您辛苦了！"给所有曾经站在讲台上的人，聊表心灵深处真诚的感动与有负所望的赧然。

学哥、学友、学弟鱼贯而入，窗外的果子熟了一季又一季，板凳上的少年换了一拨又一拨。课堂上，教不尽生活的知识，谈不尽变幻的人生。我们在分离中成熟，在成熟时分离，成为一道永不落幕的风景。即使分离，我们的身体里永远有你传授的知识涌现。

虽然已经过去了许久，我仍然可以嗅得到小学里酿蜜者的芬芳。曾是花圃里最美的园丁，现在赫然生出了白发，我心疼如绞，忍不住泪流满面。

我知道此刻您是满足的，您看到了知识的传承；我知道此时您是幸福的，您收获了来自八方的祝愿；我知道此刻您是快乐的，因为依然有那么多的孩子绕膝承欢。我在骨子里，刻满对以往的思念与忠诚，看一眼誉满天下的桃李，精彩纷呈；看一眼您放飞的雏鹰，已翱翔云天。

人，就是在这开开合合中轮回；我们，也在这开开合合中长大；于是才有了历史，也有了现在，有了未来。在和风细雨中，在醇醪滋润里，我看到林木的繁荣，我看到庄稼的分蘖，我看到婴儿的笑脸。

话语，仍如一泓湖水碧蓝，清澈透明，满溢着关爱和抚慰，满载着知识和力量，那是我们必需的能源。

啊，师恩盛大无边！

# 流金岁月自难忘

如烟往事，在指尖打翻，惹尘埃四起；如歌岁月，在风中吟唱，击水面涟漪；如梦人生，在掌心把玩，醉思醒红尘。

窗外繁星点点，眨着眼，一轮明月撒下皎洁一片，让那排排梧桐显得格外美满。

屋内空气暖暖，您静坐在桌前，一生教育播下桃李满园，让这莘莘学子都走向明天。

赵老师，"恩师情"让我想起了您，世上有千千万万个老师，但我就是遇见了您——赵文莺老师。我不知有前世多少福分，能让我遇见您，是您，陪伴我走过初中风风雨雨的三年，让我从稚嫩逐渐走向成熟，让我从台下的卑微走向台上的绽放。

## 初见您

初见您，时光荏苒，但我却不曾忘记您的容颜。初见您，在那骄阳似火的夏天，我带着满脸的稚嫩踏入崭新的校园，顺着黑白相间的大理石台阶拾级而上，拐角，推门，然后看见您，您的眼光透过眼镜片射向我，不知是慈祥还是严厉。我不敢直视您，怯懦地找了一个边缘的位置坐下。我不禁又想起刚刚母亲带我穿过一条条街的场景，街上车水马龙，奔驰的汽车，高耸的楼房，金碧辉煌的酒店，擦得锃亮的皮鞋，都是我所未见的，我低头看看自己身上穿的洗得发白的衣服，显然与中间谈笑风生的同学格格不入。我丧失了在老家时的高傲，丧失了告别母亲时的斗志昂扬，像打败了仗的士兵丢盔弃甲，也不知是什么刺激了我的泪腺，泪水啪嗒啪嗒地掉在崭新的课桌上，但我又不敢放出声来，蜷缩在角落里轻轻地啜泣。

　　依稀听到脚步声，我忙擦眼泪，但已经来不及了，我仓皇地抬起头，看到了您正关切地看着我，我看清了，您眼里满是慈祥。"你怎么了，没事吧？"阳光透过窗子洒下斑驳的光，照在您略显苍老的脸上，半卷曲的头发再加上戴得低低的眼镜，成了我对您的第一印象。"没，没事。"我近乎呜咽着答道。接着，是无声的沉默，我以为你已经离开，不无伤感地又趴在了桌面上。是呀，谁又会花时间在一个农村女孩的身上呢？开学那么忙！但让我万万没有想到的是，您竟然在我身边坐了下来。您用手轻轻地抚摸着我的头发，擦干我的眼泪，然后抱住我，我感动万分，心中暖流涌动。"有什么事吗？你可以跟老师讲，还是哪里不舒服？"我摇了摇头，瞬间一肚子苦水就化为一句："我，我是乡下来的。""乡下来的怎么了？我们从来不分乡下城里。"我连连点头，您的一席话，让我停止了哭泣。只记得"天行健，君子以自强不息"、"世上真的有救世主，它就是我们自己"等好多好多有哲理的话在耳边回响。我看着您，您坚定地看着我。瞬间觉得心中满是能量。我停止了哭泣。

　　那个夏天，初见您，您抚慰我受伤的心灵。我的心中，深埋下一颗种子。

## 再见您

　　天气不总是晴朗，江水不总是澄清，就如我们之间的关系，总会起波澜。

　　再见您，是那个秋天下午吃饭的时候，您帮我们打菜，我很清楚地记得那个下午，西风猛烈，无情地摧残着已无几片叶子的小树，任小树在风中摇曳颤抖，树叶苦苦恳求，风还是带走了叶子。就如您，带走了我的尊严。到我打菜的时候，卤鸭炒青椒，我可能不太会忘记这道菜。

　　您给我打了一大勺青椒往我的盘子里放，我说我不吃青椒，您说不吃也没有办法。成长期的我喜欢吃肉，而您，却说出这样的话。我无奈地坐回座位，但是坐第一排的我清清楚楚地看到，您微笑着为班里的优等生打上满满一盘的鸭肉，很少的青椒。我愣在那里，无论怎么劝自己，怎么安慰自己，可是心都像硬生生地插上了一把匕首，鲜血直往外流。我在看您的笑，笑得是那么灿烂，当然，那是给优等生的嘉奖，但我瞬间觉得，那脸上的沟壑里藏着的，是多么的阴暗。

那个秋天，再见您，您让我深深地恨您。我心中，一种误会暗涌。

## 三见您

凄惨的命运，坎坷的生活，您在我身旁默默付出。让我坚强度过。

三见您，是在那个寒风凛冽的冬天。我孤零零地走出家门，风砰的一声将门关上了。漆黑的苍穹像极了童话故事里巫婆的披风，风呜呜地穿过楼道，那个冬天格外地冷。因为父母闹离婚，竟都以为对方会带我而独自离开。家里什么也没有，有的只是半夜乱跑的蟑螂和冰冷的空气。

您当时知道后就赶快联系我父母，没有联系上便将我接到了您家去住，我一方面不好意思，另一方面还在为上次打菜的事记恨您，便万般推辞，其实我孤孤单单的心急需一个安稳的地方。您担心我出事还是将我接到了家中。您抱来厚厚的棉被，给我严严实实地盖上，特别暖和，您还和我一起睡，和我谈心，我抱住您哭泣，泪水溢满我的双眼，眼前白茫茫一片。您还是照样帮助我安慰我，帮我联系父母。

那个冬天，三见您，您让冬天不再寒冷。我心中，一腔感恩滋长。

## 回望您

人们都说，路遥知马力，日久见人心。这句话用在您身上再好不过。

回望您，是在这个阳光明媚的春天。回望来时的路，快乐与悲伤交织。因为有您，一路风景如画，因为有您，一路有似锦繁花。

忘不了，您在三尺讲台上的谆谆教诲；忘不了，您在我伤心时的每一次安慰；忘不了，您在得知我家情况时的焦急神情。三年的时光一晃而过，就像天边的流星划过。而您的爱，如同窗外的爬山虎，慢慢地将我包围。您伫立于我生命的河岸，投下深深的倒影，可作渡河之桥而非无形的幻象。至此，我便有了力量。

后来，那颗您在夏天就埋下的种子，那是一颗积极上进不自卑的种子，它发了芽，正一点一点地向上长，而我也一步一步地向更好的明天走去。

后来，我终于知道那个秋天的误会，您没有戴眼镜，所以没有看到勺子里的是什么，这不是您的过错，您对每一个学生都是公平的，当我知道事实的时候，我竟不知是欣喜还是愧疚，欣喜于您不是那般不公平对待学生的人，愧疚于我竟然会那样想您。

　　后来，那个冬天在心中滋长的感恩，也化作了心灵的养料，滋养着我。现在我和同学一起创办了戏剧社，我们会拍公益广告，会看望孤寡老人，看望生病的儿童，虽然力量微薄，但我们毅然前行。

　　这个繁花似锦的春天，桃李芬芳，我在这里表示我对您的敬意，我爱您，也思念您。您陪伴我那三年的流金岁月，我永远难忘。

# 师恩难忘

宫思齐

父母养育了我们，给了我们生命。老师则教授我们知识，引导我们学会为人处世。是老师让我们每个人变得独一无二，与众不同。

时光回转到四年前，我刚刚背着小书包走进校园。那时的我非常内向，不敢与老师同学交流，每当下课，同学们在一起快乐地聊天儿，我却只能坐在一边，默默地看着他们，直到有一天——我像往常一样早早来到学校，无意间发现课桌里有一张小卡片，我赶紧拿出来看，这是一张橙色枫叶形状的小卡片，整齐地写着两行小字：我知道你有些内向，但也渴望友谊，我们做个朋友好吗？后面画着一张小笑脸。卡片没有署名，会是谁呢？我看着身边的同学猜测着。这张小卡片鼓励了我，我尝试着与同学们说话，我发现这并没有我想象的那样艰难，原来大家有很多共同话题，我们愉快地聊起了天，很快我有了两三个好朋友，这时我才发现有朋友的感觉真好！

第二天，我又收到了小卡片，一样的娟秀小字：我已经有六个好朋友了，你呢？一个调皮的笑脸。接下来的几天，小卡片不时飘来，我心中会涌起阵阵暖流，我渐渐敞开心扉，与同学们打成一片。但有个疑问始终在我心中：这究竟是谁放在我的座位里的呢？

一天下午体育课前，我急匆匆地往楼外跑，一不留神与刚从办公室出来的老师撞了个满怀，老师手中捧着的书掉落一地。我刚要说声对不起，却惊奇地发现书中飘落下了几张五颜六色的小卡片，是那样的熟悉，我一下子怔住了，原来是您！我望着老师，一时不知该说什么好，一阵暖流在心中激荡。老师轻抚我的头，眼中充满慈爱，笑着对我说："没想到是我吧？看到你这么内向，不善交流，我心里可着急了！当遇到困难时，首先要战胜自己，勇敢地接受挑战，你看，你做得很好，现在已经有很多好朋友了！继续加油吧！"我用力地点了点头。我把所有的卡片小心翼翼地放到盒子里，我要永远珍藏老师送给我的这份礼物。大家一定猜到我写的是哪位老师了吧？对了，她就是一直陪伴我们的班主任刘老师，是她用爱心、细心、责任心帮助我们克服自身的弱点，带我们走出困境，使我们更加快乐地成长！

老师像园丁，为我们修剪枝叶，助我们茁壮成长；老师像蜡烛，燃烧自己，为我们照亮前进的道路；老师更像妈妈，呵护我们的身心，时刻关注我们的成长。是老师让我们每个人都能散发光芒，都能展现自己的风采。我爱您，亲爱的老师！

# 指掌荣光

范臻

"关于这一点——"

夏日的午后阳光懒散，教室内溢满了燥热的因子。未散去午后余热的空气充斥在教室的每个角落，时刻烤灼着课桌边握着笔的一个个身影。依旧是普通得不能再普通的一天，与往常相同，毫无一丝异样。我微微眯起双眼，手指施力，中性笔在手中悠闲地转了个圈儿。台上授课的长者正用一如既往的大嗓门朝我们传授着他所知道的一切。时间一点点地流逝，平静如一潭死水。

这是一节平凡的历史课。

至少现在，我是这么想的。

今天确实不是什么容易让人记住的日子。不是什么节日，亦不是放假的前一天，连受到老师表扬或批评都不曾有过。平淡的日子亦如波澜不惊的光阴，一晃就到了下午，时光平平稳稳，稍不留意便无法察觉它的流逝。我掏出历史课本，把要准备的东西如数摆在桌上。老师踏入班级，将他那时刻塞满各类史学书籍的、破旧不堪的公文包放在桌上，一声响亮的"上课"与正式开课的铃声同时叫响，却依旧无法将平淡的气氛打破分毫。或许谁也没有留意，也许根本不会有人留意——就这样，一段一如既往的平稳时光开始被录入脑海。

墙上钟表的秒针毫不停歇地转动着，一圈又一圈。我收回停留在表盘上的视线看向黑板，耳中不断灌入老师讲授的内容，心中没有一丝波动。黑板上是那人独具特色龙飞凤舞一般的字迹，白色与红色的粉笔痕迹交叠在一起，如同冲向夜空的庆典礼花般夸张地铺满了整个黑板，使得几乎占据了一面墙全部宽度的黑板显得过于渺小。长者带着笑容，极为激动地挥动着双臂，在台上台下来回穿梭着，过大的声音即使坐在后排也清晰可闻。

又有需要记录的关键词出现，他转过身，大步流星地朝着讲台走去，用手中捏着的一根白粉笔朝黑板上戳去——那动作又顿住，他发觉黑板已经没有更多的空间留给他写任何字。

按常理，我本以为他会像以往我所见到的老师们一样转过身去寻一块板擦或者抹布擦去黑板上的字迹——但我错了。

长者站在黑板前，用厚厚的镜片下那双有神的眼睛看了一眼黑板，随即伸出右手，手掌微微翻转，用手掌一侧贴上黑板的上部，在我的视线追上他的动作时猛地擦下，带着几许劈开旧物为新知的产生创造空间的意味。那手掌在三尺讲台的上方划出一道堪称惊异的曲线，完美得无懈可击，又令人惊讶得无词形容。带下的些许粉笔灰在空气中氤氲，红白相间的粉末有的落在略显古旧的衣袖上，另一些却纷纷扬扬地落满了整个讲台。瞬间我仿佛听见皮肤与粉笔痕相接发出的刺耳声响，几乎能感受得到那摩擦带来的炙热感，似乎那一粒粒细小的粉尘此刻就粘在我的手上，无时无刻不在向我传递着它那令人不适的感觉。我竟有一瞬间认为指腹触及的不是桌面，而是固定在不远处的那块墨色黑板，指尖触碰到的不仅是一块简单的物件，而是承载着知识和长者汗水的希望之野。那种可能因为粉尘而带来的异样感在我的心中被放大百倍，如一只灼热燃烧的箭一般刺破内心似水的平静。未等我从这样的感受中缓过神来，那动作便又紧接着进行了第二次，第三次 —— 一切如流淌的泉水般自如。黑板上的字迹不断被清除，更多更多的粉尘飘落在长者四周，如一场畅快淋漓的大雪。阳光顺着透明的玻璃倾泻进来，落在用手擦着黑板的长者身上。

长者在黑板上用那独属于他的豪放字体写下知识点，随即再次走下讲台，用他那响亮的声音继续他的课程。这一次与以往不同，似乎有什么改变了，但看起来却什么都没变——即便如此，每一个字却依旧能刻入我的脑海。

和蔼的长者讲述着历史的来龙去脉，就这么走到了我的眼前。我清晰地看见他右手靠外侧的部位被一层厚厚的粉笔灰所覆盖。而面前的人却毫无察觉似的举起那只右臂，用生动的动作点燃课堂的气氛。

这是一节平凡的历史课。

或许现在，对于其他人来说是这样。

今天依旧是今天，一个普普通通、没有发生什么大事件的日子。

但对于我来说，今天却是不同的。

那动作的熟悉程度，怎么看都不像是破天荒第一次，我却一直一直以来从未察觉——明明每天都能见到的老师，却直到今天才注意到这样的细节，这样的惊异和心痛过后，留下更多的便是浓烈的感恩。

师恩？这样的词汇或许并不好阐释。一不小心便会说得过大，导致情感的无端虚假，但如果放小，又未免担心太过微不足道。但于我来说，老师对我的恩情或许便是这简简单单的一个动作，指尖划过黑板的痕迹不会在空气中留下分毫，亦无法像正午之阳一般光芒万丈，但却能在我的心中烙下最为深刻的烙印。是的，平凡即是不加修饰的伟大。师恩不是滚滚而来的开闸之水倏地涌出，而是蜿蜒流淌的润泽之露永不干涸，长存心底，作以心灯。

夏日的午后阳光温暖，教室内退却了燥热的因子。午后的余热已然在空气中消散得一干二净，室内的每一个角落都充斥着活跃的气息。暖阳渐渐朝着西边的天际归去，橘色的光辉拥抱课堂中的每一个身影。一束光落在黑板那狂放的字体上，映得长者满是粉尘的手熠熠生辉。

命运让我与您产生羁绊，而我期待着与您共赴那指掌荣光的未来。

这依旧是我高中生活中再普通不过的一天，光阴流逝，一丝丝感恩的暖意自心底缓缓升起，萦绕心头，久久不散。

# 告别严冬

曾娅璇

人生是一列开往坟墓的列车，路途上会有很多站，很难有人可以自始至终陪着你走完，当陪你的人要下车时，即使有过不快，也该心存感激，然后挥手告别，用心纪念。

——《千与千寻》

一

北方的冬天如果飘起大雪的话，很容易看到一种苍茫的寒冷。虽然寒冷，但却根本无法掩盖她滚烫的内核。风呼啦呼啦地吹着，体内的热气涌到嘴边似乎想要说些什么，但刚一张口就被寒冷的气流灌了进来，声音被冰冻在冷风中。

1月27日，天气晴转阴。我坐在后排的位子上，心思却在教室上空胡乱游荡。时而我眼神聚焦，定定地看着前排一群蒸腾着上升气流的同学，怀疑自己究竟交了什么好运，能有幸坐在这悠闲地欣赏这幅奋发向上图。突然有人从身后轻轻拍了一下我的肩头，不用回头我就知道是颜。颜是我的班主任，出了名的工作狂，管起班来就像她的姓一样——严。但我并不怕她，我总觉得在她严厉的外表内一定藏着一根柔软温和的血管，血液静默地流淌着，就隐藏在她的眼底，从不叫一般人发现。当然我不是一般人，所以我发现了，并一直坚定地揣着这个秘密。颜把我从教室里提溜出来，她狠狠地看着我，怒气都从她的鼻孔里冒出来了。"刘湖蓝，你可真是刘胡兰。扳着指头算一算，这是我第几次发现你上课开小差了！数得清楚吗！"她压低嗓子质问我。我没有回答她的问题，因为我在想颜还是在说她爱的文学家们时嗓音更好听。"你给我站好，看着我。你是不是死不悔改的劲儿又上来了！"她真的生气了。我立正站好，直直地看着她，但心

196

里还是在想自己现在的表情是不是有点傻。

　　我不是一个好学生，上课经常走神，连挨训时思绪都会飞走。但我待的班级似乎不允许有我这样的存在。是呀，尖尖班，听着就有一种优越感。我大概是用掉了所有积攒的人品，才走运挤进这个班的。一开始我也是铆足干劲，准备大展宏图的，但终究没有走运到底。我被绊住了，被家庭变故绊住了，我妈病了，癌症。这个平时气势汹汹骂我的女人，干活永远不知道累的女人，乐观漂亮的女人，现在却像一只被夺去利齿的病狮，毛发变得柔软稀少，耷拉着眼皮，蜷缩在沙发的角落里。我最害怕的事情变成了回家，每天进门时都要看一遍这幅难看的场景，心灵都要被银针狠狠地扎一次。我时刻都能听见死神收割生命的声音，我没法集中注意力，没法好好学习，我只想守住妈妈，但我无能为力。我痛恨自己的弱小，于是我逃到无尽的幻想中躲避可怖的现实。你明白了吗，我是个胆小鬼。

　　颜基本每节课都会来查看上课情况，陷入幻境中的我总不免被她抓个现行。开始她还柔声细语地教导我，奋力想要使我改变，拉我上升。她说得最多的话是你只要肯上心，一定前途无量。老师，谢谢你的相信，但目前的我似乎走到了边缘，我被困住了，我只能在你期待的目光里原地打转。后来颜的耐心耗尽，她用呵责怒骂代替了柔声细语。于是我又多了一个逃避现实的理由，我更加陶醉地沉沦着。

　　冬天，早晨，天还昏暗着。我顶着冷风在路上用力地走着。因为给妈妈喂饭，出门晚了，但我实在没力气奔跑。我不可避免地迟到了，没有喊报告，直接从后门走进了教室。我装模作样地开始早读。"刘湖蓝，"颜叫我，"你有没有一点时间意识，为什么迟到？"我没有听清她问我什么，我脑子全是冷风呼呼吹着的声音，我有些愤怒地瞪着她，虽然我自己也解释不清为什么愤怒。"你想干什么！你还好意思瞪我！"我终于被击垮了，我想干什么？我什么也不想干，我只想好好哭一场，想向上帝问个明白他想干什么。于是我哭了，哭得有点突然。颜显然怔住了，但幸好她没再继续问下去。就这样看着她，我一直流泪，酣畅淋漓。终于她忍不住打破了这诡异的气氛，"你怎么了，好好说。别哭。"我咽了口唾沫，平复心情，擦干眼泪，然后平静地说，"我妈病了，癌症。"颜没说话。她像往常一样拍了拍我的肩头，轻柔地拍了拍，我又一次看到了在她眼底流淌的那条温柔的河流。在泪水的柔光中，我看见什么东西从颜的身体里溢出来，似曾相识。颜把这事放在了心上，她收起了严苛的面具，时常关切地问我的状况，妈妈的状况，甚至还特意给妈妈讨了一副偏方。感谢颜，她的关心让我在那段艰难岁月有了暖意。

二

学期过半，妈妈的情况略有好转，我也不再继续放空自我。我按部就班地进行着学业，成绩不好不坏地吊在班级中等位置。我交了新朋友，开始恢复活力。我的本性从来不沉默，消沉前我是个十足的话篓子，一旦恢复常态，我就变成了叫嚣着奔跑的火球，走到哪，燃烧到哪，热烈到哪。每当朋友们聚在一起，班里就变成了搅动的蜂巢，放肆的吵闹声不可置疑地盖住了上升气流。颜自然不会允许我们这样嚣张地存在，她似乎被我们挑战了，我们扰乱了她的部队，搅乱了她的军心。于是她行动了，她用更严格甚至苛刻的管理向我们传达着她的不满。朋友们被一个接一个地叫去谈话，又一个接一个垂头丧气地回来。她们头上彩色的头绳被一律换成了沉重的黑色，我诧异："这也管？"朋友撇撇嘴说："颜抽屉里有一打黑色皮筋，她说戴上这个告诉自己不要孔雀开屏，引人注意。"她在警告我们了，警告我们必须遵守她的规矩。课间，颜推开吵闹的门，趾高气扬地站上讲台，用力地拍了两下桌子，咚咚的声音吓坏了聒噪的我。她定定地看着我，向全班宣布："由于刘湖蓝同学的吵闹，你们课间说话的机会被剥夺。你们要学会安静，你说对吗？刘同学。"我羞耻地低着头，我不敢抬头，我知道现在一定有无数双怨恨的眼睛盯着我。见我没做声，颜用胜利者的姿态走到我身边，拍拍我的肩，带着一丝虚假的温柔说："好好遵守规矩啊，能不能还你们一个热闹的课间就靠你了。"那一瞬间，羞耻与愤怒交织在一起，我抬头定定地看着颜，身体像一座即将喷发的活火山一样颤抖着。室外的冷风配合地猛烈地刮着，像是内心正在怒吼的我。

日子一如既往地继续着，唯一改变的是我对颜的看法。经历过那场不愉快后，我和颜连眼神都再没相遇过，她总是一副决策者的样子，我在心里厌弃着她。颜是个不错的老师，但却是个失败的班主任，班里的女孩都不喜欢她，她也跟女孩总是过不去，大家都在背地里偷偷骂她。以前我从不参与这类活动，现在我是声讨颜的主力军。颜的一举一动、一颦一笑在我眼里都变得刺眼，我再也没看见过她眼底的那条河流，她的眼睛里只剩下浑浊与强势。

三

某节语文课。颜讲到一篇关于 3D 打印机的科技文，问了个问题："如果你们也有一台 3D 打印机，你们想要打印什么？"少年们敏锐的神经像波涛般活跃起来，教室被奇思妙想填满。"打印印钞机咯！""打印一栋带电梯的教学楼，这样我们就不用每天爬四楼了。""打印一个陈伟霆，只属于我一个人。哈哈哈！"我什么都没有说，我实在对颜这个无趣的问题提不起兴趣。颜望着这片除了我之外生机盎然的景色，轻轻张口道："如果是我，我想打印一对好肾脏，不再让我妈忍受病痛的折磨。"原本浪漫的粉被这句话涂成了深邃的蓝，班里寂静下来。我突然意识到之前那似曾相识的东西是什么，原来颜和我同病相怜。后来的语文课中，颜总是不经意地流露出一些与我共同的特点，比如倔强，比如热烈。原来扭曲的视线被一点一点拉回正常，我试着敞开心扉来面对这个同我一样的可怜人。颜每天都工作到很晚，她拖着疲惫的身子为家庭、为母亲操劳着。跟她一比我显得渺小，同样面对家庭变故，我却只能丧气等待。对颜的误解慢慢消逝着，尽管偶尔想起那场不愉快还是心有余悸，但却不再是一味的咒怨憎恶。

记忆中与颜有关的岁月一直是冬天，有过神圣洁白的冬天，有过寒风刺骨的冬天，有过飘雪悲伤的冬天。颜始终是严厉的，就像她的姓一样。她也是严格的，对自己严格，对我们严格。课间在她的严格管理下，成了学霸刷题、学渣睡觉的安静时间。越来越多的人加入了对颜的声讨大军中，大家开始厌烦永无止境的管理与要求。但我却试着慢慢沉淀下来，咀嚼消化着颜的苦心。颜似乎不在乎这些声音，她严苛甚至有点古板地继续着管理。她每天第一个来教室开门，课间找状态不佳的同学谈话，晚上坚持到我们晚自习下课才回家。尽管她像装了永动机的陀螺一样替大家的高考忙活着，但还是换不来大家的理解。终于一天班会，颜抬起疲惫的脸，缓缓地说，"我知道你们有些人讨厌我，但我只陪你们走这三年，讨厌我可以请人换掉我，但是浪费了你们自己，拿什么也换不回来了。"这时候的颜

199

是悲伤的，我再次看到她眼底的那条河流，但它已然面目全非。温柔的河水不知何时已化作洪水猛兽冲毁了堤坝，污浊的液体闪着悲伤的银光。颜不再是那个气场十足的女人了，超负荷的工作，超重的心理压力，还有我们这群不让人省心的主儿，像地主一样一日一日剥削着矮小的颜。我很同情颜，辛苦工作只为引我们上道，但好心却被毛孩子们胡乱涂抹在地上。她太像鲁迅笔下那只痴傻的奶牛，吃的是草，挤出来的是奶。我定定地看着她苦口婆心的样子，以往的不快，以往的怨恨，这一刻全都烟消云散。我多想自己强大一点，给这头老去的奶牛一个好的归宿，我多想用我温热的双手去抚慰她那枯萎的灵魂。一瞬间，许许多多的话涌上心头，我想用我笨拙的方式和她重归于好，我想写封信给颜，让她宽心些。

可是颜病了，工作起来不知道累的她在讲台上晕倒了。班里没人愿意去看她，大家甚至还议论说是上帝派疾病天使来拯救我们了。但我没法压抑内心对颜的挂念，我想要逆流而上。我带着信去看颜那天，下雪了。整个城市被松软的奶油覆盖住了，我心情好极了，我准备了一大段感人词句想要对颜说。但北风忽然变得遒劲有力，卷起来了漫天的雪花。光滑的冰面上反射出一丝诡异的光，奶油变成了一片白色的荒原。

走到颜家楼下，发现整栋楼都蒙上了灰色的雾。消息通过风声钻进我的耳朵，我打了个激灵，感觉有人在背后拍了一下我的肩头，但回过头又什么都没有。颜走了，突然地，积劳而死。她用血液书写了她严苛的一生，最后却这样悄然陨落。终于她还是没有听到我最后想要说的话，老师，老师，遇到你的我，只想孤独地平静下来，只想守住这个下着热雪的严冬。

灯火阑珊的世界每一夜 / 每一夜 / 闪烁后凋谢
天色微亮的旷野每一页 / 每一页 / 发烫的冰雪
用背影让故事完结 / 孤独是你昂贵的注解
日与夜 / 多少荒唐岁月 / 你如热雪 / 你从未妥协
你本如刀锋清冽 / 但你却柔软而无邪
你本如漆黑冬夜 / 但你却温暖而皎洁

——《热雪》

老师，天国不会再有严冬。

# 我的老师

韩金鑫

人生路漫漫，其行远兮，恩师与我同求索。

——题记

雄鹰因为羽翼的默默相随和推动，才得以翱翔蓝天；鲜花因为芳草的默默付出和托举，才得以美丽动人；而我，因为恩师的陪伴和教导，才得以在漫漫人生路上越行越远！

此时此刻，我不由得回忆起了那些陪伴我走过漫漫人生路的恩师……

## 我的第一位恩师，是书。

"书中自有黄金屋，书中自有颜如玉。"从小因为远离父母，一个人在外地生活，陪伴我度过童年的正是这黄金屋和颜如玉。"当生活不能把你逗笑时，你要学会把生活逗笑。"在我因为自己一个人而感到孤独时，是我的恩师——书，它告诉了我，面对生活中的许多不幸，我们要学会微笑以对。于是我开始学着"用微笑做支撑，去撑起整个生命"。当我不再因为孤单而哀伤时，我忽然发现天还是蓝的，草还是绿的，生活还是美好的。于是，我明白了"生活中不是缺少美，而是缺少一双发现美的眼睛"。书成了我的老师。后来，我开始渐渐成长，而我的恩师——书，它也一直在陪我走过这漫漫人生路。是它教会了我，人应该拥有"会当凌绝顶，一览众山小"的豪情壮志；是它教会了我，"既然选择了远方，便只顾风雨兼程"的决心和毅力；也是它教会了我，只有忍受了"饿其体肤，劳其筋骨"，才能"曾益其所不能"！

感谢你，我的恩师——书，感谢你教会了我成长。

## 我的第二位恩师，是母亲。

"世上只有妈妈好，有妈的孩子像个宝……"当我好不容易回到家乡，在火车站一头扎进母亲的怀抱时，我的耳边不由自主地响起了这首旋律简单而温馨的歌。之后的日子里，我便一直和母亲生活在了一起。"这个世界上会无条件容忍你的，只有你的母亲。"是的，在我每次犯错时，母亲包容而温和的笑，总会让我更加赞同这句话。我一直生活在"母爱似水"的温暖中，就这样一天天长大，可是当我一天天长大，母亲却在一天天老去，我忽然开始害怕，母亲的白发让我害怕，母亲脸上多出的细纹让我害怕，母亲渐渐弯曲的脊背让我害怕……我害怕有一天真的会是"子欲养而亲不待"，我害怕有一天会是"我和母亲的距离是一座矮矮的坟墓，我在这头，母亲在里头"。于是我更加珍惜。母亲陪伴我走过的漫漫人生路，没有说过太多的话，只是用她的温暖和微笑感染着我，让我活得幸福，也让我懂得且行且珍惜！

感谢您，我的恩师——母亲，感谢您带给了我温暖。

## 我的第三位恩师，是老师。

"春蚕到死丝方尽，蜡炬成灰泪始干。"这是一句可以用来形容我从小到大的所有老师的话语。我遇见过很多老师，一颗丹心，两袖清风，三尺讲台，桃李天下，是老师的写照。年纪尚小的时候，还不是很明白这些老师为何这么"废寝忘食"地对待教学，这么"视如己出"地对待学生，后来长大时才明白，这是因为他们被称为"老师"，这是因为他们的自我要求和责任感意识，正如其中一位老师所说"学生虐我千百遍，我待学生如初恋"。这时，我才不由感叹"年少不识书海阔，成人方觉师恩重"。因为不管我遇到的这些老师有着怎样不同的性格，他们都拥有相同的一样东西——精神——治学精神。而这，正是他们所传递给我的，这是我受到的真正的教育，因为"真正的教育，是你离开学校后，忘记了你在学校里所学习的知识后还能剩下的东西"。面对这些可爱的老师——我的恩师，我不禁想说："若吾身可济师，吾不惜也。"

感谢您，我的恩师——老师，感谢您传给了我精神。

我知道，未来将会有更多的恩师与我同求索，伴我走过漫漫人生路。

雄鹰还在翱翔，鲜花依旧美丽。而我将继续前行，在恩师的陪伴和教导之下。

# 炕头上最可敬的乡村教师

　　他是一位在大山深处辛勤耕耘四十余载的乡村老教师，退休后默默无闻地擎起了中国农村教育的一片蓝天！发挥余热的他在自家炕头上为留守儿童义务上课，被誉为最美教师。

作者：佟飞

拔河

快乐游戏

歌唱祖国

园丁

老师，您辛苦了！

# 师生情

## 拔河

2009 年 4 月 20 日，无锡市扬名中心小学的一名教师正在和孩子们一起拔河，加油声、呐喊声此起彼伏，现场热闹非凡，展现出了师生积极向上的精神风貌。

## 快乐游戏

2009 年 3 月 26 日，无锡市扬名中心小学的师生走出校园，快乐游戏，感受大自然的气息。

## 歌唱祖国

2009 年 9 月 24 日，无锡市扬名中心小学的退休教师和孩子们一起挥动手中的五星红旗，祝福祖国繁荣富强。

## 辛勤的园丁

在无锡市扬名中心小学的校园里，老师像园丁一样，用心去呵护祖国的花朵，用爱在学生的心灵播种，以虔诚在三尺讲台耕耘。

## 老师，您辛苦了！

2014 年 9 月 9 日，无锡市扬名中心小学的学生自己动手制作贺卡，送上对老师的祝福，表达对老师的感恩之情。

作者：汤毅

# 爱到最深处

在 9 月 10 日教师节到来之际，河北省邯郸市曲周县实验小学举办了"爱到最深处"教师节庆祝活动。

感恩励志教师节大会现场激动人心——感恩老师，它深深触动着每个人的心灵。许多学生含着泪水打开爱的心房向老师道出了心里话。学生与老师拥抱、学生集体向老师鞠躬等许多感人的场景让人终生难忘。"老师，我爱您！""老师，您辛苦了！我以后一定努力学习来感恩报答你们！"……许许多多这样催人泪下的声音此起彼伏。面对此情此景，全场师生、家长无不为此场面热泪盈眶，恩师情在这里得到了充分的诠释与交融。

本组摄影用极具感染力和震撼力的艺术语言，引领孩子们重温往事，感念师长恩情，思今日心态与处境，从而使孩子们得到深刻感悟，唤醒孩子们麻木的心灵，感化蒙昧的良知，重新找回迷失的方向，做一个懂感恩、会感恩的人，做一个敢于肩负责任的人，做一个让爱你的人为你自豪的人！

作者：郑保军

# 独臂优秀教师
# 李福龙

　　李福龙老师今年37岁，现在黄骅第四中学任教，从教13年，他用自己的乐观心态言传身教，对学生真诚关怀、平等尊重，赢得了学生们的爱戴。虽然是残疾人，但他那面带质朴的微笑，让人感受到的是自信、阳光。他从不把自己当作残疾人，正常人能做到的事，他不仅会做到而且还要做得更好。李福龙老师深爱着教书育人的工作，深爱着这里的每一个孩子，他让我们体味了一种残缺的美丽。

作者：于永生

213

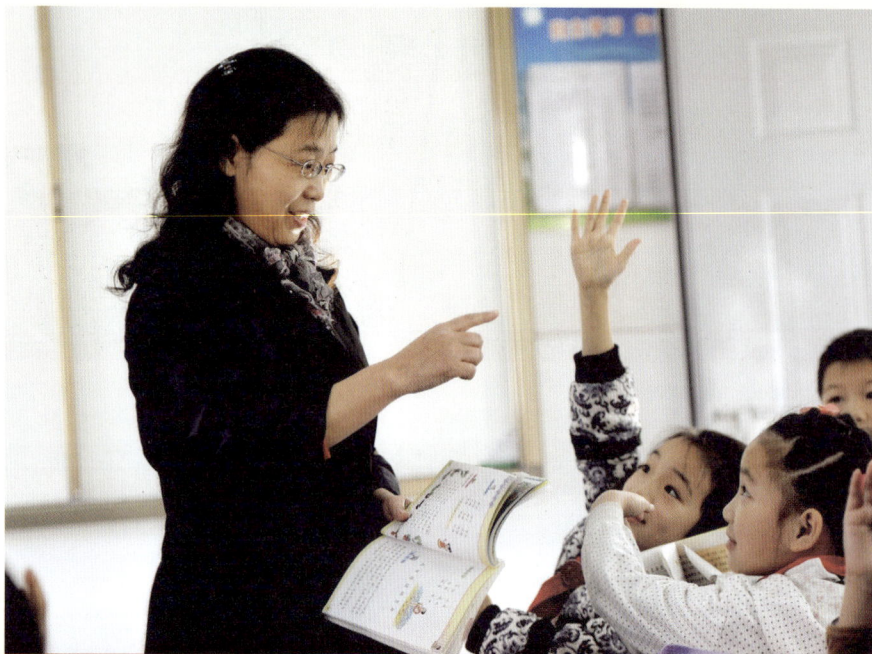
指尖传情

天籁之音

其乐融融

操场点兵

# 支教老师在农村

2011年9月，湖北省襄阳市数十名城区教师来到农村支教，和农村孩子们一起学习生活。

作者：杨雷

# 浓浓师生情

　　在校外拓展活动包饺子项目中，我们的班主任刘娅琴老师和同学们一起动手，看，大家包得多认真！

作者：黄子易

220